接客・接遇のための ユニバーサルサービス サービス 基本テキスト

改訂2版

全国ユニバーサルサービス連絡協議会代表 紀薫子 ●著

九州大学大学院教授 井上滋樹 ●協力

日本能率協会マネジメントセンター

はじめに

●ユニバーサルサービスでダイバーシティ（多様性）を推進しよう

　近年、アプリで音声を文字にしたり、2次元コードで文字を音声にして聞くことができたりするなど、情報技術（IT）や情報通信技術（ICT）の発展が、情報へのアクセスの利便性を高めています。また、街づくりでもバリアフリー化が進み、車椅子やベビーカーを使用する人の優先エレベーターや優先スペースが設けられた施設や車両が増えています。

　しかし、こうした変化に伴い、車椅子やベビーカーを使用する人が使用していない人と同等に移動できるかというと、残念ながらそうとはかぎらない現実があります。車椅子やベビーカーを使用する人は、エレベーター内で立っている人の4〜5人分のスペースを必要とします。そのため、先に乗っている人がスペース確保に協力的でない場合は、優先エレベーターや優先スペースがあっても利用できないことがあるのです。

　車椅子やベビーカーを使用する人は、上下階の移動手段がエレベーターにほぼ限定されます。したがって、階段も利用することができるに人は、エレベーターのスペースを空けるために場所を譲る協力をするという気づきが必要です。この**気づき**が、設備に「優先」と名付けられた意味の理解に役立ちます。

　また、白杖（はくじょう）を持つ人が困っている様子を見かけた場合、「手助けをしたい」と感じる人が大半であるにもかかわらず、実際に「お手伝いしましょうか？」の声かけをする人が少ないのには、「どう手伝えばよいかわからない」「断られるかもしれない」との理由が聞かれます。視覚障害のある人へのガイドヘルプの基本を**知識**として持っていれば、「どう手伝えばよいかわからない」を解決することができます。さらに、善意の申し出だとしても相手のニーズに一致しないこともあると**意識**することが、「断られるかもしれない」という不安を「断られることがあっても当然」に変えていくでしょう。

ダイバーシティ（多様性）の推進には、互いの違いを尊重し、認め合い、相互に理解し合うための「気づきや知識を意識につなげる」ことがユニバーサルサービスの実践が役立ちます。

●共生社会（ユニバーサル社会）実現に向けて

人生100年時代を迎え、私たちは誰もが「支える・支えられる」ライフステージを過ごすことになります。年齢を重ねていくうちに目が見えにくくなる、耳が聞こえにくくなる、ゆっくりとしか身体が動かせなくなるなど、誰もが身体機能の変化を体験します。したがって、肢体不自由、視覚障害、聴覚障害のある状態も、決して他人事ではないはずです。

今は「誰かを支えることができる自分」が、いつかは「誰かに支えられる自分」になると考えてみてください。

身体に不自由が生じても、旅行に出かけられる、買い物に行くことができる、スポーツを会場で観戦することができるといった「当たり前の生活」を送ることは皆に共通する願いであり、それを可能にすることが共生社会なのです。

近年、空港や商業施設で、誰もが利用できるスタイリッシュな自動運転電動車椅子の貸出しが始まっています。車椅子での移動を「歩行を補うもの」から「進化した移動手段」へと人々の概念を変えていく素敵な革新（イノベーション）です。

誰もがバリアを感じない共生社会の実現には、
・施設・建物のバリアフリー化
・意識変革をもたらす環境づくり
・多様な身体機能や個性への知識と対応力
が必要です。

●多様な他者への理解

2021年、障害者差別解消法が改正され、事業者にはそれまで努力義務とされていた「合理的配慮の提供」が義務になりました。

合理的配慮の不提供は、法令順守の点で問題があるだけではありません。近年、CS（顧客満足）を含むカスタマーエクスペリエンス（CX）の概念が

重視されるようになっています。CXは、顧客体験や顧客体験価値と訳され、商品・サービスに対する顧客視点での体験を意味します。したがって、合理的配慮の不提供にあった顧客体験が口コミやSNSで発信された場合、企業イメージを著しく損なうリスクになるのです。

　合理的配慮の提供には、自分がお客さまの立場だったとしたら、事業者側に望むことは何なのかを考えることが有効です。多様なお客さまへの理解のために、身体障害のある人、精神・知的・発達障害のある人、高齢者、多様な性、日本語を母国語としない人などを、本書で詳しく述べています。

　また、本書は、単に知識にとどまらず、今日からの接客・接遇にすぐにでも取り入れていただけるよう、特性に合わせた対応やコミュニケーション方法も載せています。

　国や地方公共団体、病院・美術館・博物館等の公共機関、駅・空港等の交通機関、銀行等の金融機関、デパートメントストア・スーパーマーケット・コンビニエンスストア等の商業店舗、映画館・遊園地等のレジャー施設、ホテル・旅行等の観光施設など、あらゆる接客・接遇の場面でユニバーサルサービスの知識・気づき・意識を活かし、お客さまの笑顔を引き出すことに役立てていただけることを願っています。

　　2022年12月

　　　　　　　　　　全国ユニバーサルサービス連絡協議会
　　　　　　　　　　　　　紀　薫子

接客・接遇のための
改訂2版 ユニバーサルサービス基本テキスト

目次

Part **2**　視覚に不自由を感じる方へのサービス

Part 5　高齢者・認知症のある方へのサービス

第1章　高齢であることへの理解　………………112

第2章　認知症のあることへの理解　………………120

Part 6　お客さまに応じたサービス

第1章　さまざまなお客さまへの接客・接遇　…………132

巻末資料　ユニバーサルサービスに役立つ知識

★別冊　接客・接遇のための　改訂２版　ユニバーサルサービス基本テキスト
　　　解答・解説

ユニバーサルサービスを
始めよう

1 ユニバーサルサービスとは

○×クイズ ※解答・解説は別冊2ページ

Q1 ユニバーサルサービスの考え方と合うものはどれでしょうか。

1. 身体に障害のある人や高齢者など特定の人が感じる既存のバリアを取り払っていくという考え方
2. あらかじめすべての人の利用を想定し、バリアを感じさせない社会環境を整備するという考え方
3. 建物（ハード面）の整備さえ進めば不自由は解消されるという考え方

Hint! ユニバーサルサービスは、ユニバーサルデザインのソフト面（心のバリアフリー）を担うものです。

Point!! 生活に不自由や不便を感じている人に合わせた接客・接遇を心がけることにより、そのほかの人へのサービスレベルを高める相乗効果も期待できます。

ユニバーサルサービスの基本的な考え方

　ユニバーサルサービスは、年齢や性別、障害の有無にかかわらず、**あらかじめ「すべての人」を想定し、サービスを提供していく**という考え方です。「目が見えない人、耳が聞こえない人」に対しても、「見える人、聞こえる人」と同等のサービスを提供できることをめざしましょう。そのためには、サービスを提供する側の都合ばかりを優先するのではなく、サービスの受け手の立場に立って考えることが大切です。

(1) ユニバーサルサービスに必要な「知識」「気づき」「意識」

　ダイバーシティ（多様性）への取組み、社会づくりが進んでいます。私たちには、生活に不自由や不便を感じることのないマジョリティー（多数派）優先の考え方を見直し、障害のある人や日本語を母国語としない人など、マイノリティー（少数派）を含めた**すべての人にとってのバリア（障害）を取り払っていく**視点が求められています。すべての人への公平な情報とサービスを提供することが、ユニバーサルサービスです。まずは、視覚や聴覚に障害のある人、肢体に不自由を感じている人、高齢者、妊娠している人などの「知識」を身につけましょう。次に、それぞれが不便と感じる場面への「気づき」を得て、ニーズに対応する「意識」につなげてサービスを実践することが、すべての人への接客・接遇に活かされます。

(2) ユニバーサルデザインとユニバーサルサービス

　すべての人にとって利用可能であるとするユニバーサルデザインの考え方は、広く知られるようになってきました。ユニバーサルデザインは情報の発信、人による応対、コミュニケーションなどのソフト面も含む概念ですが、デザインという言葉の響きから建物や施設といったハード面で展開されるものと誤解する人も少なくありません。本書では、**ユニバーサルデザインのソフト面（心のバリアフリー）**を進めるための人的対応力をユニバーサルサービスと位置づけています。

■ユニバーサルデザインとバリアフリーの違い

	ユニバーサルデザイン	バリアフリー
対象	すべての人	障害者、高齢者など特定の人
目的	バリアをつくらない。	今あるバリアを取り払う。

◎**ユニバーサルデザイン**
　1980年代にアメリカ人のロナルド・メイスによってつくり出された用語です。年齢、性別、身体的状況、国籍、言語、知識、経験などの違いにかかわりなく、すべての人にとって、すべての製品や建築環境が、美しく、できるだけ広い領域で利用しやすいものであるように設計するという考え方です。

◎**バリアフリー**
　障害のある人や高齢者にとってのバリア（障害）を取り除くことです。

◎**心のバリアフリー**
　さまざまな心身の特徴や考え方をもつすべての人々が、相互に理解を深めようとコミュニケーションをとり、支え合うことです。

◎**「しょうがい」の表記**
　「害」の字を避け、「障がい」と書くことがあります。2000年に、東京都多摩市が採用したのをはじめ地方自治体を中心に広がっていますが、法律や制度では「障害」の表記が使用されています。

◎**ダイバーシティ（多様性）**
　国籍、年齢、障害の有無、性自認・性的指向、宗教の違いなど、身体の機能だけでなく内面的な違いも含め、多様な人材を活かし、その能力が最大限に発揮できる機会を設けることです。

2 なぜユニバーサルサービスが必要なのか

○×クイズ

※解答・解説は別冊2ページ

Q2 ユニバーサルサービスが求められている理由は何でしょうか。

1．高齢者は社会的弱者であり、守るべき存在と考えられているから
2．高齢になると、身体に不自由を感じたり障害が生じたりする人が多くなるから
3．高齢人口は今後も増え続けることが見込まれているから

Hint! 内閣府が発表した『平成30年版 障害者白書』によると、障害者全体（約936万人、人口の約7.4％）のうち、身体障害者が約436万人を占めています。身体障害者では、65〜69歳が約13％、70歳以上が約59％と、高齢者が全体の約72％を占めています。

Point!! いずれは誰もが高齢者になります。高齢になり、身体機能が低下しても暮らしやすい社会の実現は、誰にとっても必要なことといえます。

ユニバーサルサービスが求められる背景

（1）急速に進む日本の高齢化

　人口総数に対する65歳以上の人口を老齢人口といいます。

　内閣府の『令和3年版 高齢社会白書』によると、1950年に総人口の5％に満たなかった老齢人口は、1970年に7％を超え、1994年には14％を超えました。その後も高齢化率は増え続け、2020年には28.8％に達しています。2025年には「団塊の世代（1947〜1948年に生まれた人）」が75歳以上となり、老齢人口は3,677万人に達すると見込まれています。

　一方、日本の総人口は減少し、2029年には1億2,000万人を割り込むと推計されています。総人口が減少する中で老齢人口が増え続けることにより、高齢化率は、2036年に33.3％（3人に1人の割合）、2065年に38.4％（2.6人に1人の割合）になると予想されています。**70歳以上の高齢者では、加齢に伴う身体機能の衰えのほか、事故や病気によって身体に障害の生じる人が増えてきます。**

　世界保健機関（WHO）では、視覚や聴覚の障害、肢体不自由、内臓や皮膚といった身体の各器官の障害をはじめ、知的障害、記憶、思考、情緒、感情、気分などの障害、意識障害を障害としています。

（2）高齢者を取り巻く社会

　日本の平均寿命は、1960年では男性65.32歳、女性70.19歳でしたが、2020年には男性81.56歳、女性87.71歳となり、60年前と比べ、男女とも寿命が15年以上伸びています。

　持続可能な高齢社会のため2018年に閣議決定された新たな高齢社会対策大綱には、「高齢者の体力的年齢は若くなっていること」「社会とのかかわりをもつことへの意欲も高いこと」「65歳以上を高齢者とする傾向が現実的でなくなりつつあること」「70歳以降でも意欲や能力に応じた力を発揮できる時代が到来していること」があげられています。そして、「人生100年時代」に向け、「すべての人」が充実した生活ができ、安心して暮らせる社会づくり、環境の整備に努める必要があるとしています。年齢を重ね身体機能が衰えたとしても、旅行やショッピングに出かけたり、人とのコミュニケーションを楽しんだりと、充実した生活を送りたいという願いは、誰もがもつものではないでしょうか。

■ 用語解説

◎高齢者

　世界保健機関（WHO）が65歳以上を高齢者としており、日本を含む多くの国で65歳以上を高齢者としています。また、高齢者の医療の確保に関する法律では65歳以上の人のうち65〜74歳を前期高齢者、75歳以上を後期高齢者と区分しています。しかし、近年の65〜74歳の人は心身ともに健康が保たれている人も多く、65歳以上を高齢者とすることに否定的な意見もあります。そこで、日本老年学会と日本老年医学会は、65〜74歳を准高齢者、75〜89歳を高齢者、90歳以上を超高齢者とすることを提案しています。

◎高齢社会対策大綱

　1996年に最初の高齢社会対策大綱が策定され、経済社会情勢の変化を受け、5年後の2001年に2度目の高齢社会対策大綱が閣議決定しました。さらに、2012年に3度目の高齢社会対策大綱が閣議決定し、2018年には、「すべての人々が希望に応じて意欲・能力を活かして活躍できるエイジレス社会」をめざすとして、4度目の高齢社会対策大綱が閣議決定しました。ここでは、「意欲ある高齢者の能力発揮を可能とする社会環境を整えること」「高齢者だけでなくすべての世代が満ち足りた人生を送ること」ができる環境をつくることが必要であるとしています。

3 ユニバーサルサービスに取り組むために

○×クイズ　　　　　　　　　　　　　　　　　　　　　　※解答・解説は別冊2ページ

Q3 ユニバーサルサービスの取組み方として望ましいものはどれでしょうか。

1．バリアフリーよりもユニバーサルサービスを優先的に進める。
2．すべての人に公平でわかりやすい情報を提供する。
3．さまざまな人との円滑なコミュニケーションをめざし、コミュニケーション能力を磨く。

Hint! ユニバーサルサービスには、①物理的なバリアを取り除くこと、②意識のバリアを取り払うこと、③人的対応により情報保障（P.19脚注参照）と円滑なコミュニケーションの提供をすることが必要です。

Point!! ユニバーサルサービスは、障害者のためのサービス・健常者のためのサービスというように縦割りするようなものではありません。分け隔てなく対応することを心がけましょう。

ユニバーサルサービスの前提となる考え方

（1）違いを認め合い尊重する

　誰かの「普通」を自分に押し付けられて、不快に感じた経験をもつ人は多いのではないでしょうか。私たちは誰でも、自分の身体機能や経験を基準に物事を見たり判断したりする傾向があります。自分を基準にして「障害のある人は、1人では何もできない」と決めつけたり、思い込んだりすることで、相手のできることやできないことを勝手に判断していることはありませんか？　まずは、自分の中にあるアンコンシャスバイアスに気づくことから始めましょう。

（2）あらかじめさまざまな個性を想定する

　「目が見えない人に料理の盛り付けを案内するには、どうしたらよいのか」「耳が聞こえない人にアナウンスを伝えるために、何ができるのか」といったことを考えましょう。**見えなくても聞こえなくても、見える人・聞こえる人と変わらないサービスを受けたと感じられる対応をすることが大切です。**

（3）ICT（Information and Communication Technology）の活用

　スマートフォンで利用できるコミュニケーション支援アプリの普及により、視覚や聴覚に障害のある人の暮らしに利便性が増してきました。また、パソコンでも、画面の文字を読み上げたり翻訳したりする機能に無料で使える仕様が追加されています。さらに、テレビの視聴でリアルタイム字幕が導入されるなど、身体機能や言語の違いにかかわらず情報にアクセスできる環境が整ってきています。

■情報のユニバーサルサービス事例

場所・機会	名称	配慮	具体例
駅構内・路線図	駅ナンバリング	日本語が読めなくてもわかる。	新宿「JY17」
オンライン会議	・リアルタイム字幕 ・翻訳字幕	聴こえなくても言語が違っても伝わる。	発言を文字化して表示する。
バス停・スマートフォン	バスロケーションシステム	バス利用者のイライラを解消する。	バスの位置・到着時刻を表示する。

◎アンコンシャスバイアス

　自分自身では気づいていない偏った考え方や思い込み、偏見（無意識の偏見・先入観）のこと。これらは誰もが、知らず知らずのうちに自分の内に刷り込まれる偏りです。まずは、自身のもつアンコンシャスバイアスに気づくことが大切です。

参考

◎先入観の事例

・女の子はピンク、男の子はブルー
・高齢者は頑固
・じっとしていられない子どもは親のしつけが悪い。

用語解説

◎コミュニケーション支援アプリ

　音声を文字に変換する機能、文字を読み上げる機能、言語を翻訳する機能のアプリ（P.135脚注参照）で、誰もが使えるようになっています。

◎リアルタイム字幕

　従来は、録画・録音されたものに字幕を付けて配信することが主流でした。しかし、近年は、テレビやインターネットのライブ配信にも字幕を付けることができる、リアルタイム字幕サービスが導入されるようになりました。

◎駅ナンバリング

　駅名表示に英字で路線、数字で駅番号を表記することで、なじみのない駅名を覚えなくても、英字・数字で目的の駅を見つけて乗車・降車ができます。日本語を母国語としない人だけでなく、小さな子どもや出張先のビジネスパーソンにも便利です。

1 安心・安全がお客さまの満足と地域の活性化につながる

※解答・解説は別冊2〜3ページ

○×クイズ

Q1 ユニバーサルサービスに取り組むことで、期待できることは何でしょうか。

1．ニーズに合ったサービスの提供により、顧客満足（CS）を高めリピーターを増やせる。
2．すべてのバリアが解消され、安心・安全の地域づくりが実現する。
3．企業のブランド力アップや国際競争力アップにつながる。

Hint! ユニバーサルサービスの展開により、消費者の満足感アップ→企業のイメージアップ→企業収益アップ→地域の活性化→安心・安全・安住の社会の実現という好循環が期待できます。

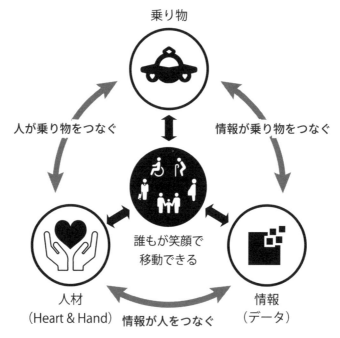

※出典：「Universal MaaSの考え方」ANA・京急電鉄・横須賀市・横浜国大などUniversal MaaS産学官連携プロジェクト
https://universal-maas.org/about-universal-maas

Point!! ユニバーサルサービスは、共生社会（ユニバーサル社会）の実現のために不可欠です。

ユニバーサルサービスによる顧客満足（CS）と社会貢献

（1）顧客満足が企業価値と従業員満足（ES）を高める

さまざまな個性に対し、それぞれのニーズに合わせた対応をすることが、ユニバーサルサービスです。困ったときに親切な対応を受けたことは、強く印象に残ります。**個々のニーズに即したサービスの提供が顧客満足を高めるのです。** そればかりではありません。障害のある人や高齢者への配慮ある接客・接遇は、その場にいるほかのお客さまにも好印象を与える効果があります。また、お客さまから直接「ありがとう」「○○さんの対応に感謝しています」と言われたときには、スタッフのモチベーションも高まるでしょう。

すでに接客・接遇には自信があるという人も、多様な個性に対応する知識を身につけ、今までのサービスのあり方を見直してみることで、接客・接遇スキルのさらなる強化につながります。

（2）地域活性化のための連携と取組み

ユニバーサルサービスを地域の活性化に役立てるためには、1拠点のみの展開で満足するのではなく、お客さまの移動先や動線上にあるすべての場所で取り組むことが必要です。

国土交通省は、移動のシームレス化（途切れることなくつなぐ新たな移動）として、MaaS（Mobility as a Service）への取組みを進めています。こうした取組みにより移動の利便性が向上し、今までは外出を困難と感じていた人が旅行やショッピングに出かけることができるようになれば、乗り物にも店舗にも宿泊先にも、ユニバーサルサービスの接客・接遇が欠かせないものになるでしょう。

以下に、ユニバーサルサービスによる顧客満足と社会貢献への効果をまとめておきます。

■ユニバーサルサービスのメリット

顧客満足（CS）と従業員満足（ES）を高められる
・顧客満足が企業価値を高める。
・従業員満足が生産性の向上をもたらす。

社会・地域に貢献できる
・障害者への情報保障に役立つ。
・障害者だけでなく、小さな子ども連れの人、高齢者などの外出の機会を増やすことにつながる。

19

SDGsの目標達成に役立つユニバーサルサービス

○×クイズ

※解答・解説は別冊3ページ

Q2 ユニバーサルサービスで達成がめざせるSGDs（エスディジーズ）の目標はどれでしょうか。

1. 目標5…性の違いにかかわらず、皆が活き活き働き、暮らせる社会をめざす。
2. 目標11…すべての人が、安全で必要な情報とサービスを得られるようにする。
3. 目標13…気候変動とその影響に立ち向かうため、緊急対策をとる。

Hint! ユニバーサルサービスを実施することは、「市場の評価」と「社会の評価」の両面で組織・企業にとってプラスに作用します。

※出典：国際連合広報センター
https://www.un.org/sustainabledevelopment/
The content of this publication has not been approved by the United Nations and does not reflect the views of the United Nations or its officials or Member States.

Point!! ユニバーサルサービスは、組織のイメージを向上させ、競争の激しい社会での新しい市場開拓にも効果があります。

組織・企業としてのユニバーサルサービスのメリット

(1)SDGsの目標達成につながる

　2015年、国連サミットで採択されたSGDs（Sustainable Development Goals；持続可能な開発目標）は、2030年までの国際目標として、17のゴール・169のターゲットで構成されています。ユニバーサルサービスに取り組むことで、以下のSGDsの目標達成をめざしましょう。

■ユニバーサルサービスでめざせるSGDsのゴール

> 目標5「ジェンダー平等を実現しよう」
> 　性の違いにかかわらず、皆が活き活き働き、暮らせる社会をめざします。
> 目標8「働きがいも経済成長も」
> 　国籍や障害の有無などにかかわらず、すべての人にとって安全な仕事と環境の中で働けるようにします。
> 目標10「人や国の不平等をなくそう」
> 　不利な立場にある人を守り、必要な支援を行います。
> 目標11「住み続けられるまちづくりを」
> 　すべての人が、安全で必要な情報とサービスが得られるようにします。
> 目標16「平和と公正をすべての人に」
> 　皆が参加できる社会づくりをめざします。
> 目標17「パートナーシップで目標を達成しよう」
> 　「誰も置き去りにしない」行動をするために、お互いが経験を共有し合い、共通の問題に取り組みます。

(2)組織・企業への評価や価値を高める

　2020年に策定された「ビジネスと人権」に関する行動計画の分野別行動計画では、SDGs達成への貢献と企業価値と国際競争力向上のための行動として、法の下の平等（障害者、女性、性的指向・性自認等）にユニバーサルデザイン、心のバリアフリーへの取組みをあげています。

　また、近年、日本でもESG投資への投資額が増えています。

　企業が利益を追求するだけでなく、環境や社会課題に取り組むことが持続可能な企業経営につながるとし、投資の判断基準となっています。

　目や耳に不自由を感じている人や、車椅子を使用している人が困っているとき、スタッフの適切なサービスで**顧客満足を得ることが「市場の評価」**です。また、それを**見ていたまわりの人から、この企業とは長く付き合っていけると信頼を得ることが「社会の評価」**です。

■ 用語解説

◎SDGs

　2015年までに達成すべき8つの目標を掲げたMDGs（ミレニアム開発目標）の後継として、SDGsは2030年までに達成すべき17の目標を掲げています。SGDsは、ユニバーサル（普遍的）な目標であり、「地球上の誰1人として取り残さない」ために「地球上のすべての人が取り組む」ものとしています。

◎「ビジネスと人権」に関する行動計画（2020－2025）

　国連の「ビジネスと人権に関する指導原則」を踏まえ、策定されました。6つの分野別行動計画の1つに、「法の下の平等（障害者、女性、性的指向・性自認等）」があり、ユニバーサルデザインなどの推進が示されています。行動計画期間は5年ですが、5年ごとの改訂が予定されています。

■ 参考

◎ESG投資

　環境（Environment）・社会（Social）・ガバナンス（Governance）を考慮した投資のことです。2016年と2020年の投資額比では、米国で約2倍、日本で約6倍に増加しています（GSIA調査2020）。

◎SDGsとESG投資

　企業がESGを考慮して活動すれば、結果としてSDGsの目標が実現すると考えられます。また、「ビジネスと人権」に関する行動がSDGsへの貢献に寄与することから、この3つは、相互に作用すると考えられます。

3 ユニバーサルサービスで合理的配慮の提供に対応する

○×クイズ

※解答・解説は別冊3ページ

Q3 合理的配慮の提供に合う考え方はどれでしょうか。

1．目が見えない人には、代読や代筆を申し出る。
2．耳が聞こえない人には、聞こえる人と一緒に来ることを勧める。
3．障害のある人からの要望には、その場ですべて応じる。

Hint! 合理的配慮は、障害のある人が困難に感じている状態や状況に応じ、過度な負担のない範囲で必要なサービスを提供することです。

Point!! 障害があることを理由にサービスの利用や機会を制限したり拒否したりすることは禁止されています。また、利用する場所や時間を制限することや、障害のない人には求めない条件をつけることも禁止されています。

社会的要請に応え企業のイメージ・ブランド力を高める

（1）ユニバーサルサービスで障害者差別解消法に対応する

　国連総会は、「完全参加と平等」をテーマに掲げ、1981年を国際障害者年としました。また、2006年に採択された障害者の権利に関する条約（障害者権利条約）では、障害のある人が差別を感じることなく、平等に社会参加するための「合理的な配慮」が必要だとしています。日本は、障害者権利条約に2007年9月に署名、2014年に批准し、2016年4月、障害を理由とする差別の解消の推進に関する法律（障害者差別解消法）を施行し、2021年にはその改正法を公布しています。改正法では、**事業者に求められる「合理的配慮の提供」が努力義務から義務**に変更されています。

　障害者差別解消法は、正当な理由なく、障害があることを理由にした「不当な差別的取り扱い」を禁止するとともに、視覚障害のある人の求めに応じて代読・代筆を行うなど、障害に応じた「合理的配慮の提供」を義務としています。

（2）合理的配慮を欠くことでリスクがある

　近年、SNSを利用した情報の発信が増えています。「盲導犬を連れていることで、レストランに入店拒否をされた」「耳が聞こえない人は非常時・災害時のアナウンスがわからないので避難誘導ができないとの理由で、宿泊予約を断られた」といった情報が拡散された場合、障害者差別解消法の禁止事項に該当することからも、**企業のイメージを大きく損なう**ことになります。

（3）個人への評価が企業の評価につながる

　ある宅配業者のドライバーが、車椅子を利用する人が歩道の段差で立ち往生しているのに気づき、運転中のトラックを路肩に停めて段差を上がる手伝いをしました。この行動が多くの人の心に響き、「ドライバーさんの行動が素晴らしい」「宅配にはこのドライバーさんの会社を利用したい」といった声が寄せられました。困っている人へのサポートを欠かさない1つの行動が、企業の価値につながっていることがわかります。

　障害があるから特別な対応をするのではなく、**相手が誰であっても、困っていたりサポートを求めていたりするときは、できる範囲で対応する**ことがユニバーサルサービスです。

■ 用語解説

◎障害者差別解消法

　すべての国民が、障害の有無によって分け隔てられることなく、相互に人格と個性を尊重し合いながら共生する社会の実現に向け、障害を理由とする差別の解消を推進することを目的としています。

■ 参考

◎合理的配慮が求められる「社会的障壁」

①社会のなかの物事
　段差など通行できない通路や、利用できない施設・設備など物理的なバリア

②社会の制度
　制度の制約により生じるバリア

③社会の慣行
　障害のある人を想定していない習慣・文化により生じるバリア

④社会の観念
　障害のある人への偏見により生じるバリア

●社会的障壁の具体例

・段差にスロープが設置されていない出入口

・難解な表記や表現がされている書類

・読上げに対応していない資料（図や表）

・音声のみで行われる情報提供

●合理的配慮の具体例

・車椅子利用者のために、段差の上り下りの手助けをする。

・難解な表記や文字は、わかりやすく説明する。

・視覚に障害のある人に、書類の代読・代筆の申し出をする。

・聴覚に障害のある人に、視覚情報で伝える工夫をする。

1 ユニバーサルサービスに大切な「心」

○×クイズ　　　　　　　　　　　　　　　　　　　　　　　　※解答・解説は別冊3ページ

Q1 接客・接遇の場面で、ユニバーサルサービスの気持ちが伝わる対応はどれでしょうか。

1. 困っている様子のお客さまに気づいたら、すぐに「お手伝いできることがありますか」と声をかける。
2. 車椅子を利用しているお客さまが来店したら、すぐに駆け寄って「お困りですか」と尋ねる。
3. 来店したお客さまに困っている様子がないか、さりげなく見守る。

Hint! 障害のある人も障害のない人も同等に暮らせる社会をめざすノーマライゼーションを意識して対応しましょう。

Point!! お客さまがサポートを必要としている様子に気づいたら、受ける人がどのようなサポートを望んでいるのかを確認しながら「対話型サービス」を展開しましょう。

ユニバーサルサービスは心のバリアフリーから

(1) 障害者・高齢者の社会参加を妨げる心のバリア

　車椅子使用者からは、優先エレベーターがあっても、満員で乗れないといった声を聞きます。その理由は、先に乗っていた人が、わざわざ途中階で降りてまでスペースを空けることをしないためです。上下階の移動で階段やエスカレーターを利用することもできる人は、移動手段がエレベーターに限定される人を優先してくださいというのが「優先エレベーター」のもつ意味です。

　また、レジで金銭の授受などに時間がかかる高齢者が、列の後ろの人から冷たい視線を向けられたという話も聞きます。

　高齢者のなかには、思うように指先が動かない人もいます。こうした場面では、高齢のお客さまへは、「ゆっくりで結構ですから」と声をかけます。そして、列の後ろに並んでいたお客さまへは、レジでのファーストアプローチとして、「大変お待たせしました」の声かけを忘れないようにしましょう。

(2) 障害の「個人(医学)モデル」と「社会モデル」

　障害は、医学的には「身体が十分に機能しない状態」ということになりますが、社会的には**「社会環境が整っていないために完全参加と平等が満たされない状態」**といえます。近視や老眼であっても、おしゃれな眼鏡を安価で手に入れ、視力を矯正できます。さらに、眼鏡をかけていることで特別視されることのない社会環境があります。これにより、近視や老眼の人が、社会参加への障害を感じることなく生活できると考えられるのです。

(3) 誰でも感じる生活の不自由や不便

　誰でも病気やけがのときには、長時間立っていることをつらいと感じたり、いつもの通学・通勤に困難を感じたりすることもあるでしょう。生活に不自由や不便を感じることがあるという点では同じなのですから、障害のある人や高齢者を、自分とは違う特別な存在ととらえることは間違いです。

　不自由や不便を感じることが一時的なものであるか、継続的なものであるかの違い、そして、不自由や不便を感じる程度の違いは考慮すべきです。しかし、その違いにとらわれず、困っているときはお互いさまの「心」でサポートするのがユニバーサルサービスです。

用語解説

◎ノーマライゼーション

　障害のある人が障害のない人と同等に生活し、ともに生き生きと活動できる社会をめざすという理念であり、「障害がある人を変える」のではなく、「まわりが変わる」という視点を持ちます。

◎障害の「個人(医学)モデル」

　私たち1人1人がもつ身体機能を対象にした場合、障害は、「日常生活を送るうえで、重要な肉体的・精神的機能の一部または複数が損傷を受けた状態」と説明されます。

◎障害の「社会モデル」

　私たち1人1人が集まる社会を対象にした場合、障害は、「社会環境が十分に整っていないために、完全な社会参加が保障されていない状態」と説明されます。

参考

◎同情と共感

　車椅子を利用している人が、街ですれ違った人から「あら！　若いのにかわいそうね」と言われたことがあるそうです。車椅子を利用していることを「かわいそう」と言うのは間違いです。人が人に対して「かわいそう」と表現するとき、その心にあるのは「同情」です。同情が、自分の気持ちを相手に向けることであるのに対し、「共感」は相手の気持ちに自分の気持ちを添わせていくことです。ユニバーサルサービスに求められるのは、共感の心なのです。

2 ユニバーサルサービスの コミュニケーション

○×クイズ

※解答・解説は別冊3〜4ページ

Q2 お客さまへの声かけに適しているのはどれでしょうか。

1．高齢のお客さまには、「座ってお待ちください」と声をかける。
2．介助者がいるときは、介助者のほうを向いて話しかける。
3．待ち時間を伝え、「座ってお待ちになりますか」と尋ねる。

Hint! 声をかけられた側の受け止め方を意識することが大切です。「座ってください」が自分の気持ちを伝える声かけであるのに対し、「座りますか？」は相手の気持ちを確認する声かけです。

Point!! 生活に不自由や不便を感じている人への接客・接遇からの気づきは、そのほかの人へのサービスレベルを高める相乗効果も期待できます。

ユニバーサルサービスの受け手を意識する

（1）相手のニーズを確認する

　電車やバスの車内で、目の前に立っている高齢者に席を譲ったところ断られた経験をもつ人は、「もう席を譲るのはやめよう」と、声かけに消極的になることもあるでしょう。席を譲りたいと思った気持ちは善意ですから、善意を受け取ってもらえなかったことにがっかりする気持ちは理解できます。しかし、ここに「座りたいに違いない」といった思い込みはなかったでしょうか。高齢で膝や腰に痛みを感じる人のなかには、座ったり立ち上がったりすることを困難に思う人もいます。短時間であれば、立っているほうが楽な人もいるでしょう。

　「私はあなたに座ってほしいと思っている」という自分の気持ちを伝える声かけではなく、「座ったほうが楽か、座らないほうが楽か、聞かせてください」といった、相手のニーズを確認する声かけを意識してください。

（2）手伝い申し出のタイミング

　お客さまが来店したら、しっかり**「見守る」**ことが大切です。車椅子や杖を使用しているという理由だけで特別扱いすることは間違いです。車椅子を使用している人も高齢の人も、1人1人身体の状態は異なります。「困っているに違いない」と勝手に判断されることを、「ありがた迷惑」と感じることもあるでしょう。まずは、見守り、お客さまの表情、目の動き、しぐさなどから、困っている様子や手伝いを必要としている様子に気づけるようにします。次に、「何か私にお手伝いできることがありますか」と声をかけましょう。

　入店直後の声かけであれば、「何かお手伝いできることがあれば、いつでも仰ってください」と声かけし、その後のお客さまの様子をしっかり見守ることが大切です。

（3）臨機応変に対応する

　ホスピタリティーやおもてなしには、「これさえやっていればよい」という100％のものはありません。お客さまによって、置かれている状態も求めるニーズも異なります。

　本テキストで紹介しているさまざまなノウハウも、一般的な傾向とその対応ですから、唯一の正しい方法とはとらえずに、臨機応変な対応を心がけてください。

■ 参考

◎**声かけのときのファーストコンタクトのポイント**

①介助者ではなく、必ず本人に声をかけるようにします。

②下を向くなど視線を避けないで、お客さまの目を見て話しましょう。

③お客さまに承諾を得ないで勝手なことを行わないようにしましょう。

■ 用語解説

◎**ホスピタリティー**

　ラテン語のHospesを語源とし、「見返りを求めず客人をもてなすこと」「歓待」を意味します。見返りを求めないことが、もてなす側の一方通行の思いに終始するのではなく、もてなしを受けた側の喜びや感謝によって得られる、もてなした側の満足によって成立します。

◎**おもてなし**

　日本独自の概念です。誰に対しても平等に手厚くもてなすという点ではホスピタリティーと同じですが、まだその場にいないお客さまについても相手のことを思い、備え、歓待する、「さりげない心づくし」を意味します。

ユニバーサルサービスで利用しやすさを強化する

○×クイズ

※解答・解説は別冊4ページ

Q3 お客さまを迎え入れるよい手法はどれでしょうか。

1. 「施設内にバリアフリートイレがない」といった、ネガティブな要素は発信しない。
2. ホームページや店頭、パンフレットなどで、お客さまの来店に役立つ情報を発信する。
3. 車椅子やベビーカーを使用する人に、段差などバリアのない移動ルートを案内できるように確認しておく。

Hint! 第一印象は大切です。お客さまと初めて接するというファーストコンタクトのときから、よい印象を受けてもらえるように心がけましょう。

Point !! ユニバーサルサービスは、お客さまの満足度を高めるといった点で市場評価を上げますが、単に自店・自社のイメージアップにとどまらず、地域社会の安心・安全への波及効果も期待されます。

ユニバーサルサービスで広げる・つながる

(1) 広がる移動のアクセシビリティー

　情報システムの利用により、車椅子使用者などにとってのバリアがない移動経路を、検索することが可能になっています。

　たとえば、Googleマップの経路検索機能では、「車椅子対応」を設定することで、車椅子やベビーカーを使用する人だけでなく、大きな荷物を運ぶ人にも移動しやすいルートを表示させることができます。2020年には、目的地や周辺の「車椅子対応の場所」を確認できる機能も追加されました。

　また、公益財団法人交通エコロジー・モビリティー財団のらくらくおでかけネットでは、鉄道やバスなどの公共交通機関のバリアフリー情報（トイレの機能やホームドア設置状況）、出発地から目的地までのバリアフリー経路が検索できるようになっています。

(2) 広がる情報のアクセサビリティー

　IT利用により、文字情報の読上げや翻訳をすることが可能になっています。自治体から送付される投票用紙の封筒などにユニボイスの音声コードが導入されるなど、視覚障害のある人が印刷物の内容を音声で確認することができるようになっています。

(3) お客さまが過ごす時間を楽しめるものにする

　せっかく出かけたのに、施設・店舗の配慮不足で買物や食事を楽しめなかったということのないよう、準備することが大切です。

　貸出し用の車椅子があっても、お客さまの目につかない場所に置いていたのでは、貸出しをしていることが伝わらない場合があります。また、いざ、貸出しとなったときに、車椅子がほこりをかぶっていたり、タイヤの空気が抜けていたりすることのないよう、メンテナンスを欠かさずにしましょう。

■ユニバーサルサービスの広がりがもたらす5つのメリット

①安心・安全の街づくりで、地域が活性化する。
②近郊からも人を呼び、地域の消費が増える。
③「困っているときはお互いさま」と、支え合う街になる。
④おもてなしの心が行き届いた街として、観光化につながる。
⑤地域の連帯感が生まれ、地震などの災害の対処や危機管理がスムーズになる。

用語解説

◎バリアフリートイレ

　高齢者、車椅子使用者、乳幼児連れの人、オストメイト（人工肛門・人工膀胱）使用者が優先的に利用できるトイレです。「多目的トイレ」「誰でもトイレ」「多機能トイレ」という呼び方もあります。バリアフリートイレは、機能を必要としない人には一般トイレの使用を促し、必要な人が必要なときに使用できるよう、協力を求めるものです。

◎ユニボイス（Uni-Voice）

　特定非営利法人日本視覚障がい情報普及支援協会が開発した「読めない」を解消するアプリです。印刷物の文字情報を2次元コードに変換し、アプリで読み上げることができ、日本語のほか英語、中国語、韓国語など19言語に対応しています。

参考

◎ユニバーサルサービスの展開

　まずは、基本的な「知識」と「気づき」をもち、接客・接遇の経験を重ねていきます。失敗をおそれることはありません。大事なのは、失敗した経験から学ぶことです。随時、お客さまからの声に耳を傾けます。

　また、お客さまだけでなく、地域の人たちとの情報交換も大切です。ユニバーサルサービスは、店員や従業員だけで行うものではなく、お客さまや地域とともに取り組むことが、ユニバーサル社会実現につながります。

4 新しい生活様式での ユニバーサルサービス

○×クイズ

※解答・解説は別冊4ページ

Q4 新しい生活様式での不便を解消する取組みはどれでしょうか。

1．オンライン会議の音声に字幕を付ける。
2．すべての人に不織布マスクの着用を義務化する。
3．指差しで会話を補助するコミュニケーション支援ボードを準備する。

Hint! 音声のみのオンライン会議で交わされる会話に、聴覚障害のある人は、参加に困難を感じることがあります。

Point!! 障害の特性により、身体的距離（ソーシャルディスタンス）の確保やマスクの着用が難しい人がいることにも配慮しましょう。

新しい生活様式に求められる配慮

(1) オンライン会議への対応

　オンライン会議の音声に、字幕やリアルタイム文字起こしの機能が利用できるようになってきています。会議に字幕を付けることは、聴覚障害のある人だけでなく、移動中で音を出せない状況でも会議に参加できるほか、議事録を残すことにも役立ちます。したがって、誰にとっても便利な機能といえるでしょう。視覚障害のある人がパソコンを使用するさいは、画面の文字を読み上げるソフト（スクリーンリーダー）を利用することが増えています。しかし、オンライン会議で画面共有された資料は、文字読上げソフトに対応しない場合があります。画面で共有する資料は、視覚障害のある参加者には、読上げに対応しているPDFなどで事前に提供するようにしましょう。また、視覚障害のため、画面のチャット機能での会話に気づかないことがあります。主催者が、チャットの内容を適宜読み上げることで対応してください。

(2) 身体的距離の確保とマスクの着用

　感染症予防のため身体的距離（ソーシャルディスタンス）の確保が厳しく求められた時期、視覚障害のある人が、ガイドヘルプ（P.41脚注参照）を頼めないことがありました。また、発達障害・知的障害のため感覚過敏があり、マスクの着用を苦痛に感じる人は、着用の徹底が求められる場所には、出かけられない状況も生じました。サービスの提供者側も受け手側も、それぞれが基本的な感染症対策を行い、サポートを必要としている人への理解と対応に目を向けていきましょう。

(3) コミュニケーション支援ボードの活用

　窓口やカウンターにアクリル板が設置されているために、相手の音声が聞き取りにくい、また、マスクを着用しているために、相手の表情がわかりにくいと感じることを、誰もが経験したのではないでしょうか。聴覚障害のある人は、マスクを着用している人の口の形が見えないため、話している内容がわからない、自分に話しかけていることに気づけないといった不便を感じています。音声での会話を視覚情報で補うことが大切です。アクリル板越しの会話では、コミュニケーション支援ボードやジェスチャーなど、目で見てわかる方法を加えることが有効です。

■ 用語解説

◎字幕・リアルタイム文字起こし

　使用するソフトウエアによって、字幕・リアルタイム文字起こしに対応する言語が異なります。

・Teams：自分の画面に発表者の音声をリアルタイムで字幕表示する「ライブキャプション」機能が、日本語に対応しています。

・Zoom：外部ソフト（UDトーク）を使って、日本語を表示させることができます。

・Google Meet：chrome拡張機能（こえもじ）で音声の文字起こしをし、Google Meetのチャットに送信する機能に、日本語が対応しています。

◎スクリーンリーダー

　コンピューターの画面情報を、合成音声で読み上げたり、点字ディスプレイに出力したりするためのソフトウエアです。Windowsは「ナレーター」、MacOS版は「VoiceOver」が、標準でインストールされています。

◎コミュニケーション支援ボード

　イラストを指差すことで、意思の疎通に役立てられます（P.141参照）。

※出典：公益財団法人明治安田こころの健康財団「コミュニケーション支援ボード」
https://www.my-kokoro.jp/communication-board/

問題1 次の①〜④の語句の説明として正しいものを選び、その記号を記入しなさい。

① バリアフリー （　　　）
② ユニバーサルデザイン （　　　）
③ ダイバーシティ （　　　）
④ ユニバーサルサービス （　　　）

≪説明≫

ア．障害のある人や高齢者にとってのバリア（障害）を取り除くという考え方

イ．障害の有無にかかわらず、高齢者、病気の人、妊婦など多様な人を想定し、対応する心のバリアフリーを担うもの

ウ．国籍、年齢、障害の有無、性自認・性的指向、宗教の違いなど、身体の機能だけでなく内面的な違いも含め、多様な人材を活かし、その能力が最大限に発揮できる機会を設けること

エ．年齢、性別、身体的状況、国籍、言語、知識、経験などの違いにかかわりなく、すべての人にとって、すべての製品や建築環境が利用しやすいものであるように設計するという考え方

問題2 ユニバーサルサービスが求められる背景にあるものの記述として適切でないものを1つ選び、その記号に○を付けなさい。

ア．ある特定のターゲット（年齢層）だけを対象にしたサービスを展開していたのでは、多様な顧客の満足を得られないから

イ．日本は、高齢社会を迎え、身体に障害のある人の数が増加しているから

ウ．障害者差別解消法の改正により、事業者へも合理的配慮の提供が努力義務とされたことから

エ．ユニバーサルサービスの実践は、障害者の「社会モデル」への理解促進に応じるものであり、既存の社会的バリアを取り払っていくために役立つから

問題3　次の文章の（　　　）にあてはまる最も適切な語句を語群より選び、その記号を記入しなさい。（語句は１つにつき１回）

　障害者のためのサービス・健常者のためのサービスと縦割りで考えるのでなく、誰に対しても分け隔てなく対応する①（　　　）に取り組むためには、
【1】②（　　　）なバリアを取り除くこと、
【2】意識のバリアを取り払うこと、
【3】③（　　　）により情報保障と円滑な④（　　　）の提供が必要になる。
　意識のバリアは、自分自身では気づいていない偏った考え方や思い込みにより生じるものであり、こうした無意識の偏見は、誰もが持つものである。まずは自身の持つ⑤（　　　）に気づくことが大切である。

≪語群≫

ア．アンコンシャスバイアス　　イ．ユニバーサルサービス
ウ．物理的　　エ．バリアフリー　　オ．物的対応　　カ．人的対応
キ．コミュニケーション

問題4　次の相関図の（　　　）にあてはまる最も適切な語句を語群より選び、その記号を記入しなさい。（語句は１つにつき１回）

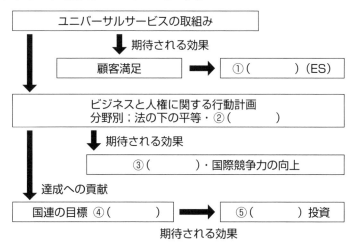

≪語群≫

ア．従業員満足　　イ．CS　　ウ．SDGs　　エ．ユニバーサルデザイン
オ．ESG　　カ．企業価値　　キ．MaaS

店舗のリニューアル

※解答・解説は別冊16ページ

 インテリア雑貨を扱うＡ店では、リニューアルに伴い、すべてのお客さまに快適にご利用いただける店舗づくりに取り組むことになりました。

Ａ店の全従業員で意見を出し合ったところ、以下の項目について提案がありました。

ユニバーサルサービスの観点から、特に<u>必要ではない</u>と思われる項目はどれでしょうか。

① 車椅子やベビーカーを使用する人を意識して、通行の妨げになる陳列棚、パンフレットラックなどがないかを確認する。

② リニューアルしたことが視覚障害のある人にもわかるように、店内放送で伝える。

③ レジに買上品数の少ない人専用の列を設けるほか、障害者・高齢者専用の列を設け、専用のレジであることを表示する。

※解答・解説は別冊16〜17ページ

ケーススタディ 2
歩くことに困難がありそうなお客さま

Q　Bデパートの靴売り場を担当している小林さんは、杖を持って買い回りをしているお客さまの「あ〜疲れた」という独り言に気づきました。お客さまへの声かけ・対応として、望ましいのはどれでしょうか。

① 店舗入り口にあるお客さま貸出し用の車椅子を売り場まで持ってきて、お客さまに、「どうぞご利用くださいませ」と声かけし、車椅子の使用を勧める。

② お客さまに駆け寄り、「試し履き用の椅子がございますので、座ってお休みください」と声かけし、手を引いて椅子まで案内する。

③ お客さまに、「少し座ってお休みになりますか」「車椅子のお貸出しもございますので、ご必要なときはいつでもお申し付けください」と声かけし、お客さまの要望を確認する。

優先のご案内

※解答・解説は別冊17ページ

Q 　いつもより店内が混雑しているＣ銀行に、視覚障害のあるお客さまが、サポートの人と一緒に来店しました。すでに番号札を取って、ロビーで順番待ちをしていましたが、ロビースタッフの藤田さんに、「私は今から30分後に眼科を予約しているので、先に窓口に案内してほしい」と仰いました。
　この場合の藤田さんの対応として、望ましいのはどれでしょうか。

① 　窓口スタッフに視覚障害があるお客さまであることを伝え、「先に案内してください」と依頼する。

② 　お客さまの手続き内容を確認し、このあとの待ち時間と手続きにかかるおおよその時間を伝える。

③ 　先に番号札を取って待っているほかのお客さまに配慮し、視覚障害のあるお客さまを別室に案内する。

Part

2

視覚に不自由を感じる方へのサービス

視覚障害とは

※解答・解説は別冊4ページ

○×クイズ

Q1 視覚障害のある人が日常生活で必要としていることは何でしょうか。

1. 点字による表記や音声案内など、視覚以外の感覚（触覚・聴覚）による情報
2. 筆談によるコミュニケーション
3. 拡大して見ることのできる文字表記

Hint! 視覚障害は、全盲や弱視のため視力が十分に得られなかったり、狭窄や暗点のため視野が狭まったりすることで、生活に不自由が生じている状態です。

■不規則に見えない部分がある（不規則狭窄）

■中心部は見えるが周辺が見えない（視野狭窄）

■中心部が見えない（中心暗点）

Point!! 白内障や糖尿病網膜症など、高齢者の視覚障害が急増しています。弱視のお客さまも含め、初めての場所では行動に大きな制限を受けます。

視覚障害についての基本知識

（1）視覚障害のある人の数

『平成28年生活のしづらさなどに関する調査（全国在宅障害児・者等実態調査）』によると、2016年時点の視覚障害者（手帳所持者数）は、全国で約31万2,000人です。そのうち、視覚障害児（18歳未満）は、約5,000人と全体の1.6％です。つまり、成人後に視覚障害が生じた割合が圧倒的に高いことがわかります。

年齢階層別でみると70歳以上の視覚障害者が全体の56％、50歳以上では86.2％を占めているため、視覚障害者の多くは中高年齢層といえます。視覚障害の原因疾患には、緑内障（P.57脚注参照）、網膜色素変性（P.57脚注参照）、糖尿病網膜症などがあり、近年、緑内障による失明・視野障害が増加しています。緑内障は40歳以上では20人に1人が発症するとされており、日本の失明原因の1位になっています。

（2）視覚障害者の見え方と点字

視覚障害者というと、全盲の人を思い浮かべることが多いのですが、**視覚障害者の約6割は、弱視などの見えにくい状態です。**

視覚障害のある人への情報保障は、点字を準備しておけばよいと考える人がいますが、視覚障害者で点字が読める人は約10％です。生まれたときから視覚に障害のある先天性視覚障害により、子どものころから点字に親しんでいる人は、とても速いスピードで読むことができます。一方で、成人後に障害をもった中途視覚障害の場合では、「点字は読めないので音声で伝えてほしい」という人もいます。

■身体障害者福祉法の等級表（視覚障害・一部抜粋）※矯正視力を基準

1級	視力のよいほうの眼の視力が0.01以下のもの
2級	1．視力のよいほうの眼の視力が0.02以上0.03以下のもの 2．周辺視野角度の総和が左右眼それぞれ80度以下、かつ、両眼中心視覚角度が28度以下のもの
3級	1．視力のよいほうの目の視力が0.04以上0.07以下のもの 2．周辺視野角度の総和が左右眼それぞれ80度以下、かつ、両眼中心視覚角度が56度以下のもの
4級	1．視力のよいほうの眼の視力が0.08以上0.1以下のもの 2．周辺視野角度の総和が左右眼それぞれ80度以下のもの
5級	1．視力のよいほうの眼の視力0.2、かつ、他方の眼の視力が0.02以下のもの 2．両眼による視野の2分の1以上が欠けているもの
6級	視力のよいほうの眼の視力が0.3以上0.6以下、かつ、他方の眼の視力が0.02以下のもの

■用語解説

◎**平成28年生活のしづらさなどに関する調査（全国在宅障害児・者等実態調査）**

在宅の障害児・者等（障害者手帳所持者または障害者手帳は非所持であるが、長引く病気やけが等により生活のしづらさがある人を含む）の生活実態とニーズを把握することを目的とする調査です。平成23年からは「身体障害児・者実態調査及び知的障害児（者）基礎調査」を拡大・統合し、「生活のしづらさなどに関する調査」として実施されています。

◎**糖尿病網膜症**

糖尿病により血糖値が高い状態が続くことで、網膜の血管が傷ついたり詰まったりして起こる病気です。目がかすむ、視力が低下する、物がゆがんで見えるといった症状もあります。

◎**身体障害者福祉法**

身体障害者の自立・身体障害者の社会経済活動への参加を促進すること、福祉の増進を図ることを目的とする法律です。身体障害者手帳交付の対象や等級を定めており、その対象となるのは、次の障害がある18歳以上の人です。

・視覚障害
・聴覚障害
・平衡機能障害
・音声・言語・咀嚼機能障害
・肢体不自由
・心臓機能障害
・腎臓機能障害
・呼吸器機能障害
・膀胱・直腸機能障害・小腸機能障害
・ヒト免疫不全ウイルスによる免疫機能障害
・肝機能障害

2 全盲の人の暮らしを考える

※解答・解説は別冊5ページ

○×クイズ

Q2 全盲の人が日常生活で行うのは難しいと思われることはどれでしょうか。

1．住み慣れた家の浴室で入浴すること
2．電気自動車など低騒音車の接近を察知すること
3．使い古された一万円札、五千円札、千円札などの紙幣を区別すること

Hint! 全盲の人は、視覚以外の嗅覚・触覚・聴覚などの感覚を使い、周囲の音や気配に集中して歩いています。

Point!! 視覚障害のある人は誰でも点字が読めると思われがちですが、点字ができる人は視覚障害者の約12.7％（点字はできないが必要としている人は視覚障害者の約6.6％）です。点字を読むことのできない視覚障害者が多いのです。

全盲の人についての基本知識

(1) 点字を用いたコミュニケーション

　視覚障害者のすべてが点字を読めるわけではありませんが、指先の触覚で読んだり書いたりできる点字はコミュニケーションの重要な手段です。

　19世紀に、フランスのルイ・ブライユが軍隊の暗号用に使われていたものを縦3点×横2点＝合計6点で表す形に改良したのが始まりです。日本では、盲学校の教師であった石川倉次がかな文字48種に表しました。現在は、6点を63通りに組み合わせることにより、仮名だけではなく、数字、アルファベット、記号も表せます。P.157に、「点字の読み方一覧表」を載せていますので、参考にしてください。

　また、商品パッケージなど、多くの製品に点（凸）を付ける活動は、「小さな凸運動」といわれています。電卓の「1」～「9」の場所がわかるように中央の数字「5」のボタンに小さな凸を付けるのも、点字から派生したものです。

　2024年度から発行される新紙幣には、ユニバーサルデザインが採用されています。指先の感触で識別できるマークとホログラムの形・位置が金種ごとに異なるなど、視覚障害があってもわかりやすい工夫がされています。

(2) 全盲の人の外出に必要なこと・物

　1人での歩行が困難な場合はガイドヘルパーが同行しますが、**全盲の人が常にガイドヘルプを必要としているわけではありません**。通い慣れた場所であれば、頭の中に記憶している地図（メンタルマップ）や点字（誘導）ブロックを利用して、1人で外出することも可能なのです。

　白杖は、全盲の人が外出するとき、進行方向の安全を確認しながら歩行するために欠かせないものです。「白杖を持った人が、たくさん荷物を持っているから」「施設内が狭いから」という理由で、白杖を預かったほうがよいのではと考える人がいますが、預かる必要はありません。

　視覚に障害のある人は、白杖を左右に振り、自分の身体の幅に障害物がないかを探って歩行します。**白杖は、重度の視覚障害者が、障害物や段差を知るための必需品**です。

参考

◎紙幣の工夫

●識別マーク

　金種ごとに位置が異なります。

●ホログラム

　金種ごとに形と位置が異なります。

・千円札：四角形・紙幣の左下

・五千円札：長方形・紙幣の中央寄り

・一万円札：長方形・紙幣の左寄り

用語解説

◎ガイドヘルプ

　視覚障害者を誘導する方法をガイドヘルプといい、ガイドヘルプをする人のことをガイドヘルパーと呼びます。

参考

◎点字ブロック

　視覚障害者が安全に歩行するために必要としているものです。不用意に障害物を置くことのないように気をつけましょう。

・線状ブロック：誘導ブロックと呼ばれることもある。突起の方向に進めることを示すように設置される。

・点状ブロック：段差や扉があることを知らせるために、いったん停止する箇所を示すブロック。

■杖の種類

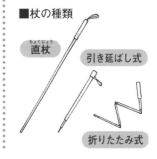

直杖　引き延ばし式　折りたたみ式

3 弱視の人の暮らしを考える

○×クイズ　　　　　　　　　　　　　　　　　　　　　　　　※解答・解説は別冊5ページ

Q3 弱視の人の日常生活で困難なことはどのようなものでしょうか。

1. 印刷された文字を読むことができない。
2. 小銭を落としたとき、見つけるのに苦労する。
3. 商品の価格表示が小さくて見えにくい。

Hint!　弱視は、一般的に、両眼の矯正視力が0.3未満で、主に視覚による学習や日常生活に制約があっても、本人の視覚によりさまざまな行動ができる状態と定義されています。

Point!!　視覚障害者の60％以上が弱視です。弱視は、近視と異なり、眼鏡やコンタクトレンズで視力を矯正することができません。

弱視の人についての基本知識

(1) 弱視の見え方（視知覚）の特徴

　細かい部分の認知が困難です。近づいて見ることが、最も身近な拡大の方法になりますので、案内板や値段表などが目を近づけることのできない高い位置に設置されることは好ましくありません。**目の高さに設置するか、手元でも確認できるなど、複数の確認方法を準備しましょう。**

　また、**大きなものの全体像の把握が困難**です。全体を見るためには、対象から離れなくてはなりません。、そうすると、見たいものがぼんやりとしか見えません。しかし、はっきり見ようと近づくと、全体を一度に見ることができません。

　弱視の人は、**見るために時間がかかり**、また、**動いているものの認知にも時間がかかります。**

(2) 見えにくさへの配慮

　デザインを統一するために、路面と同系色の点字ブロックを採用したり、山なりの曲線で点字ブロックを設置したりしている建物を見かけることがあります。しかし、弱視の人は、路面の色と異なる黄色い点字ブロックを見つけやすいと感じ、また、曲線の点字ブロックでは、頭の中の地図（メンタルマップ）を描きにくいと感じています。弱視では、視力が低いほかに視野が狭い、光を非常にまぶしいと感じる人もいます。弱視の人に文字情報を確認していただくために、「文字を拡大（拡大コピー）して案内する」「文字を代読する」といった配慮をしてください。点字を読むことができる人もいますので、点字を付けることも有効です。

　弱視の人は、白黒反転させる（背景色を黒、文字色を白にする）と、文字が浮かび上がって読みやすくなります。 パソコンの白黒反転表示を使ってみてください。

(3) ルーペの役割

　弱視の人にとって、ルーペは大切な道具です。一般的なルーペは2〜3倍ですが、弱視の人は5〜20倍を使います。ノートをとるときには置き型ルーペ、少し遠くを見るときは単眼鏡など、用途に応じてルーペを使い分けます。

■ルーペの種類

置き型
ペン先を見ながら文字を書くときに使います。

単眼鏡
店の看板やサインなど、少し離れたところを見るときに使います。

参考

◎ Windows で白黒反転させる方法

　Shift キーと Alt キーと PrintScreen キーを同時に押すと白黒反転します。戻す場合は、Ctrl キーと Alt キーと PrintScreen キーを同時に押します。

◎ 全盲と順盲

　全盲というのは、まったく見えない人、光も感知できない人を意味します。しかし、厳密にいえば、ほんの少し見える人も含まれています。ほんの少し見える人のことを、全盲と区別し、順盲と表現することがあります。順盲には、以下の状態がありますが、生活視力としては、全盲と大きな差異がないとされています。

・光覚：豆電球の光がわかる。
・手動弁：目の前で手を振ると、その動きがわかる。
・指数弁：目の前に示された指の本数が数えられる。

◎ 弱視の人の日常生活

　弱視とは、視覚障害の等級の2級〜6級とされており、強度弱視から軽度弱視まで、見え方は千差万別です。2級は「両眼の視力の和が0.02以上0.04以下」のため、社会生活にはさまざまな不便を伴いますが、日常生活にはかなり適応できます。0.04の視力があれば、テレビ式拡大読書器などを使用して、普通文字を読み書きすることができます。また、接近した障害物を感知することも可能です。

4 迎え入れと案内の基本を知る

○×クイズ　　　　　　　　　　　　　　　　　　　　　　　※解答・解説は別冊5ページ

Q 4　白杖（はくじょう）を持ったお客さまの案内の仕方として望ましいものはどれでしょうか。

1. 狭い場所を通過するときは、「ここから通路が狭くなりますので1列で進みます」と声かけする。
2. 椅子に座っていただくときは、「どうぞ気をつけて、この椅子に座ってください」と声かけする。
3. 階段の前で、「ここから上りの階段です」と状況を伝える。

Hint!　重度の視覚障害がある人は、「この椅子」「あちらの席」と言われてもわかりません。

■狭い通路を通るとき

■椅子に座っていただくとき

Point!!　「私、○○店スタッフの○○でございます」と、対応者が誰かわかるように声をかけます。

店舗・施設での誘導の基本

(1) 誘導の基本的な流れ

　店舗入り口に手指の消毒液や検温器が設置されていても、視覚障害のためにどこにあるかわからない人もいます。スタッフが持ち運びできる消毒スプレーや体温計を準備するようにしましょう。店舗や施設内で視覚障害のあるお客さまが困っている様子に気づいたら、まず、声かけとして、「私、○○店スタッフの○○でございます」と伝えます。視覚障害のある人は、声かけをした人が誰なのかわからないことがあるからです。次に、「ご案内いたしましょうか」などと声をかけて、**お客さまの意向を確認してから誘導**するようにします。

　誘導のさいは、お客さまの**白杖を持っていない側の半歩前**、お客さまに背を向ける位置に立ちます。お客さまの習慣や身長差などにより異なりますが、一般的には、肩や肘に、子どものお客さまであれば、手首の近くなどに、相手の手を持っていって、つかまっていただきます。

　誘導している間も、お客さまの半歩前を歩くようにします。歩くスピードがお客さまに適当かどうかを確かめ、お客さまの望む速さで誘導します。**誘導している間の声かけが大切です。周囲の状況を伝え、お客さまの不安を取り除きます**。案内の途中でお客さまと離れるときは、壁にもたれたり、何かにつかまっていられたりする場所で待っていただくように配慮をしましょう。

(2) 椅子への誘導

　最初に、背もたれの有無や椅子の高さなどの情報を伝えます。次に、お客さまが白状を持っていない側の手で椅子の背もたれと座面に触れていただき、椅子の位置と向きを案内します。

　椅子の前にテーブルやカウンターがあるときは、テーブルやカウンターにも手を触れていただくと、それぞれの高さや位置関係がより正確に把握できます。

(3) 狭いところの通り方

　まず、「ここから通路が狭くなります」と声をかけます。誘導している人は、お客さまがつかんでいる腕を背中の後ろに回し、縦1列になります。狭い通路を通り終えたら、「狭い場所を通り終えました」と声をかけ、一度立ち止まって、誘導している人の腕の位置を元に戻します。

注意

◎お客さまの誘導

　特にサポートを求めていないお客さまに、強引に誘導を申し出るのは「ありがた迷惑」になります。

◎誘導する人の体の向き

　後ろを気にして、体を斜めにして少し後ろを振り向く姿勢で誘導すると、視覚障害のある人には進行方向がわかりにくくなります。進行方向にまっすぐ前を向いて案内しましょう。

参考

◎エレベーターを待っているときの声かけ

　どれくらい待つのかがわかるように、「2基あるエレベーターの右側が、今、4階から下に向かっています。間もなく1階に参ります」と声かけします。

◎段差があるときの声かけ

　「段差があります」だけでは、どのような段差なのかが伝わりません。具体的に、「足元に5cm程度の下りの段差があります」と伝えましょう。

◎障害物を避けるときの声かけ

　「もう少し先に柱があります」では、柱までの距離が伝わりません。具体的「5歩くらい先に」「この先1mほどで」と伝えましょう。

45

5 階段・エレベーターを使うとき

○×クイズ

※解答・解説は別冊5ページ

Q5 階段でお客さまを案内するさいの留意点として望ましいのはどれでしょうか。

1. 階段の上り下りを誘導するさいは、お客さまと同じ段に立ち、横に並ぶようにして誘導する。
2. 手すりのある階段では、お客さまに片手で手すりに触れていただき、手すりと反対側から誘導する。
3. 階段では神経を集中させるため、無言で誘導する。

Hint! 段差や溝、障害物のあるところを通るときは、高さ・幅・形を説明し、安全を確かめながら、ゆっくり一緒に進みましょう。

Point!! エスカレーターに慣れていないお客さまは、不安を抱くこともありますので、無理にエスカレーターに誘導せずに、階段やエレベーターを利用することも考えましょう。

階段・エレベーターでの安全な誘導方法

（1）階段の通り方

　階段の前では、いったん止まり、「ここから上りの階段（下りの階段）です」と知らせます。お客さまに、つま先か白杖で階段を確認していただいたら、お客さまの1段先を進むようにします。その理由は、誘導する人の肘または肩が上がった（下がった）幅が階段1段分であることを、お客さまに伝えるためです。階段を上り（下り）終えたら立ち止まって、「ここから先は平らな場所をご案内します」と伝えます。

> ・踊り場のある階段…「あと3段で踊り場です」などと伝えます。
> ・誘導する人…誘導している人の「あと3段」は、案内されている人にとっては「あと4段」です。1段後ろにいる人にとってあと何段かを意識して、声に出しましょう。
> ・手すりのある階段…手すりを使うかどうかは、お客さまの意思に従いましょう。高齢者や足が不自由なお客さまには、なるべく手すりを持っていただくようにしてください。「手すりがあるので、おつかまりください」と声をかけます。

（2）エスカレーターの乗り方

　エスカレーターは、階段などの固定された設備と異なり、動きが速く、誘導する人にもお客さまにとっても難しいものです。まず、エスカレーターの前に来たら、いったん立ち止まります。エスカレーターの正面に向かって立ち、お客さまに、「上りのエスカレーターです」と知らせます。次に、お客さまに、誘導する人の腕をつかんでいないほうの手で、エスカレーターの手すりベルトに触れて、速さと方向を確認していただきます。「今から乗ります」と声をかけ、誘導する人とお客さまとでタイミングを合わせて、同じステップに乗ります。歩行が不安定なお客さまの場合は、以下のように、バランスを崩しても支えられる態勢で案内します。

> ・上りのエスカレーターの場合…お客さまと同じステップに乗った後、誘導する人は、1段下のステップに移動します。途中でお客さまの1段上のステップに移動します。
> ・下りのエスカレーターの場合…お客さまと同じステップに乗った後、誘導する人は、途中でお客さまの1段下のステップに移動します。

　降りるときは、準備できるよう「間もなく降ります」と声をかけ、降りる直前には、「今から降ります」と知らせます。

参考

◎エスカレーターでの誘導

＊ベルトに軽く触れて、エスカレーターの動くスピードを確認してもらいます。

上りです。今から乗ります。

＊声をかけてタイミングを合わせます。

間もなく降ります。

「クロックポジション」で場所を伝える

6

○×クイズ

※解答・解説は別冊5～6ページ

Q6　クロックポジションの使い方として正しいものはどれでしょうか。

1．お客さまから見て「手前が6時、奥が12時」になる位置に置かれた時計に見立てて案内する。
2．案内する人から見て「手前が6時、奥が12時」になる位置に置かれた時計に見立てて案内する。
3．「北が12時・南が6時」になる位置に置かれた時計に見立てて案内する。

Hint!　「こちら」「そちら」という表現では、視覚障害のあるお客さまにはどこを意味するのかが伝わりません。そこで有効なのが、クロックポジションです。クロックポジションとは、お客さまにどこに何があるかを時計の短針にたとえて知らせる方法です。

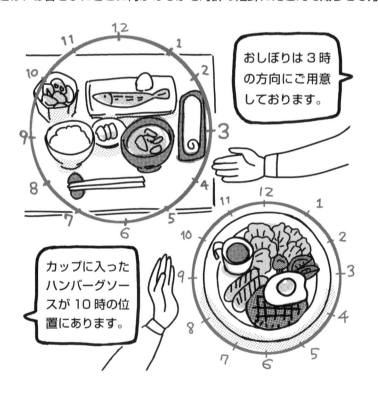

Point!!　テーブルの上に置かれた物の位置だけでなく、皿の中の盛り付けを案内するときにも、クロックポジションが有効です。

クロックポジションを使った案内

（1）商品の位置や場所の案内

　クロックポジションは、食事の場面だけでなく、棚に陳列された商品の位置や会計窓口の方向などの案内にも応用できます。

　たとえば、商品棚の前に立ち、「2時の方向に手を伸ばしていただくと、ガーゼのハンカチ、11時の方向には、タオル地のハンカチがございます」などと伝えます。また、視覚障害のあるお客さまから「会計にはどちらに向かえばよいですか」と聞かれたときに、「10時の方向に5歩ほど進んでいただくと、会計がございます」と案内することができます。このように伝えると、**どちらの方向に手を伸ばせばいいか、商品までの距離はどのくらいかをイメージしていただくことができます。**

（2）料理の案内

　視覚障害のあるお客さまは、手を水平に左右に動かして皿を探します。鉄板に乗せられた料理の場合は、「ステーキをお持ちしました。器も熱いのでお気をつけください」などと声をかけましょう。ワイングラスなど手が触れると倒れやすいグラスの場合、手が触れて倒すことのないようにと、スタッフが気を利かせたつもりでグラスの位置を動かすことがあります。**断りなく勝手に動かされてしまうと、視覚障害のある人は、「グラスの位置が変わったのか」「グラスを下げられたのか」がわからなくて、困ってしまします。**必ず、「ワイングラスは5時の位置から2時の位置に移動します」と声かけしてください。

（3）皿の位置の案内

　料理の品数が少ないときや料理を1品ずつ出すとき、お客さまの近くに立つスペースがある場合は、直接、お客さまの手を皿に導きます。そのさい、お客さまの手が料理に触れないように、手のひらを丸く曲げて皿の縁に沿うように触れてもらいます。

（4）クロックポジションを必要としない人

　白杖を持っていても全盲とは限りません。弱視などで少し見えている人であれば、クロックポジションの案内を必要としない場合もあります。「2時の方向に○○がございます。このご案内でよろしいですか」と確認することが大切です。

参考

◎**メニューの読上げ**

　オーダーを受けるときは、料理や飲み物の名前と値段を読み上げます。必要に応じて、どのような料理なのか、料理法を交えて説明をします。

◎**盛り付けの案内**

　どのような皿が使われているか、皿に料理がどのように盛り付けられているかを知らせれば、食事がますます楽しいものになるでしょう。なお、皿に料理が残っているときは、お客さまが不快にならないよう、その旨をさりげなく伝えます。

◎**タッチパネル注文**

　視覚障害のある人は、タッチパネルでのセルフオーダーを困難に感じています。スタッフが直接注文を受けるようにしてください。

◎**視覚障害対応アプリ**

　アプリを起動し、カメラに写った文章やレストランのメニュー、お札の種類、風景を瞬時に音声にすることができます。マイクロソフトの視覚障害者向けトーキングカメラアプリ「SeeingAI」は、日本語を含む19言語に対応しています。

7 商品説明時や会計時の対応の基本

※解答・解説は別冊6ページ

○×クイズ

Q7 視覚に障害のあるお客さまへの会計時の対応として望ましいのはどれでしょうか。

1. 金額確認のため、おつりは付き添いの人に受け取ってもらう。
2. お客さまが財布をしまったことを目視で確認してから、買上げ商品を手渡す。
3. おつりは、紙幣の上に硬貨を乗せて手渡す。

Hint! 金銭の受渡しは、視覚障害のあるお客さま本人と行いましょう。そのうえで、紙幣・貨幣の種類別に、声に出して金額を伝えましょう。

Point!! 金銭の支払いは、介助者がいるときも、視覚障害のお客さまと行うのが基本です。

店舗・施設での接客の基本

　たくさんの商品のなかから自分の好みのものを選ぶのは、買い物の楽しみの1つです。視覚障害のあるお客さまにも楽しんでいただくために、不足になりがちな情報を補いましょう。

　タイムセールの案内版が置かれていたり、値下げの札が付いていたりしても内容がわかりません。「商品2点お買い上げで、さらに10%のお値引きとなっております」「こちら2,000円の定価が、本日より1,500円にお値下げしております」と、声に出して案内します。

　視覚障害のある人は、列に並ぼうとしても、最後尾がわからないため並べないことがあります。並ぶ位置を案内しましょう。また、前の人との距離を空けて並ぶよう、床面に足元マークが貼られていてもわかりません。さらに、距離を空けて並んでいると、前の人が進んだことがわかりません。「列が進んでいます。前に3歩ほど進んでください」と、声をかけ案内しましょう。

　支払いに現金やクレジットカードを使用するさい、触れて確認できるよう案内してください。

レジ入金の場合 ── 伝票を読み上げながら、金額を打ち込みます。

代金を受け取ったとき ── 金額を声に出して、種類別に確認します。

おつりを渡すとき ── お札の向きをそろえ、「五千円札1枚と千円札3枚で、8,000円です」のように、種類と枚数を声に出して、種類ごとに渡します。

　視覚障害があっても、「自分の名前は自分で書ける」という人もいます。代筆ではなく自分で署名したい人には、カードの署名欄など、お客さまがどこにサインをすればいいのか、手を導いて示します。**記入欄の右端から左端まで手を誘導**すれば、正確な位置に記入しやすくなります。

■おつりを渡すとき

■サインが必要なとき

◎**案内の途中でその場を離れるとき**

　カウンター越しでの対応で、スタッフが「少々お待ちください」と言っただけでは、視覚障害のある人は、スタッフがその場で作業をしているのか、その場を離れて何かを取りに行ったのかがわかりません。その場を離れる場合は、必ず「○○を取りに行ってまいります。5分ほどで戻りますので、お待ちください」と、具体的に待ち時間の目安も含めて伝えましょう。

◎**化粧室の案内**

　案内は、お客さまと同性の人が行うのが基本です。まず、和式か洋式かを伝え、ドアや鍵の開閉の仕方を伝えます。そして、便器の位置と向き、流すための水栓の取付位置、トイレットペーパーの位置などを、お客さまの手を導いて案内します。洗面台では、水や温水の出る位置や、ハンドソープの使用方法も案内します。また、化粧室の案内をしたスタッフは、お客さまを待っていることが必要か必要でないかの確認をしましょう。待っていることが必要な場合は、どこで待っているかを知らせることも大切です。

色覚障害とは

※解答・解説は別冊6ページ

○×クイズ

Q1 色覚障害のある人が日常生活で必要としていることは何でしょうか。

1．色だけで区別された路線図などには、文字による情報を併記すること
2．同じ形で色違いの商品には、値札などに「青」「紫」など色の表記を加えること
3．ガイドヘルパーや盲導犬を利用すること

Hint! 色覚障害は、色覚異常と表現されることもあります。障害や異常という言葉が用いられていますが、視力と視野の障害を対象とする視覚障害には含まれないため、身体障害者手帳の対象ではありません。

Point!! 視力が1人1人違うことと同様、色の感じ方も1人1人違うという観点でみれば、異なる色覚特性をもつだけととらえることができます。

色覚障害についての基本知識

（1）色覚障害の原因と種類

　色覚障害には、遺伝的な原因で生まれたときから異常がある先天色覚異常と、加齢や病気が原因で異常が生じる後天色覚異常があります。

　色覚障害のある人は、目の網膜にある3種類の錐体（光を受ける視細胞）の一部またはすべてがないか、錐体の分光感度（入力光の波長の変化に対する感度）がずれているために、3種類の錐体がそろっている人とは異なった色の見え方がします。

　色覚障害のある人は、色の感覚はありますが、赤と緑、黄と黄緑が同じような色に見えています。

■3種類の色覚障害

色覚障害の種類	呼び方	正常に機能しない錐体	先天色覚障害に占める割合
1型色覚	赤緑色覚障害（せきりょく）	赤を感じるL錐体	24%
2型色覚		緑を感じるM錐体	76%
3型色覚	青黄色覚障害（せいおう）	青を感じるS錐体	数万人に1人

　上記のほか、3つの錐体がすべて機能していない全色盲では、色が白黒の濃淡で見え、著しく視力が低下した状態を伴います。

（2）色覚障害のある人の数

　先天色覚異常のある人は、日本では、男性の約5％（20人に1人の割合）、女性の約0.2％（500人に1人の割合）でみられ、全国で300万人以上といわれています。

　遺伝による色覚障害が男性に多く出現するのは、X染色体が関係します。女性はX染色体が2本あるため、どちらかの染色体が正常であれば、赤と緑を見分けられます。しかし、男性はX染色体が1本であるため、X染色体に色覚障害の遺伝子がある場合、色覚障害の見え方が生じます。

　色の見え方に違いがあることは外見からはわかりませんが、色覚障害は、共学の小中学校の40人学級に1人いると考えられます。**決して少ない割合ではないことを、意識するようにしてください。**

用語解説

◎**色覚障害**

　色の見え方が多くの人と異なることを色覚障害と表現しますが、医療用語では、色覚異常が用いられます。

参考

◎**赤緑色覚異常**

　赤と緑が似た色に見えるほか、以下などの違いがわかりにくいと感じることがあります。
・橙と黄緑・茶と緑
・緑と黒
・濃い赤と黒
・ピンクと水色

◎**青黄色覚異常**

　黄の物が、灰色に見えます。また、青緑から紫にかけての色が、緑または青緑に見えます。

◎**色覚障害の出現率**

　国際ユニバーサルデザイン協議会『IAUD UDマトリックスユーザー情報集・事例集』によると、出現率は、以下のように人種により差があることがわかります。
・ヨーロッパ系人種：約8％
・アジア系人種：約5％
・アフリカ系人種：約2～4％

色覚障害のある人の暮らしを考える

※解答・解説は別冊6ページ

○×クイズ

Q2 色覚障害のある人が日常生活で不便に感じることは何でしょうか。

1. 赤の服と緑の服でのチーム分けでは、相手チームと味方チームが区別しにくい。
2. 祝日が赤い文字で書かれていても、ぱっと見ただけでは気づきにくい。
3. 交通信号機の示す色が、青なのか赤なのか判断できない。

Hint! 道路交通法により、日本の交通信号機は、左から青、黄、赤と決められています。縦型の場合は、上から赤、黄、緑、歩行者用信号機は、上が赤、下が青です。

Point!! 歩行者用信号機が誰にとってもわかりやすいのは、赤は立ち止まっている人型、青は歩いている人型で判断できるからです。

色覚障害のある人への理解

(1)色覚検査と色覚障害

　先天色覚異常では、生まれたときから見えている色が、一般色覚と異なることに本人が気づくことは容易ではありません。また、一緒に暮らしている家族であっても、自分以外の人の色の見え方まではわかりません。

　色覚検査で判断することは可能ですが、色覚障害があることを理由に区別や差別をされること、不必要な制限をされることは好ましくないとの声もあります。そこで、文部科学省は、「色覚検査で異常と判断される児童生徒でも、大半は学校生活に支障はない」とし、2003年以降、学校での健康診断に色覚検査を必須項目から外しています。そのため近年では、色覚異常に気づいていない人が増加しているとの指摘もあります。

(2)色覚障害で感じる不便

　一般色覚が大多数であることから、私たちのまわりには、色覚障害のある人の見え方への配慮を欠いた表現を、当たり前のように使用している事例があります。

■配慮を欠いた表現の事例

> ・重要あるいは注意喚起の箇所は文字を赤にする。
> ・カレンダーの祝日は数字を赤にする。
> ・値下げした価格は数字を赤にする。
> ・グラフや表の色分けだけで種別を表す。

　近年、印刷技術の進歩やカラープリンターの普及により、世の中にはたくさんの色があふれています。色による情報が増え、そこで使用される色も多岐にわたることから、色覚障害のある人には、かえってバリアとなっています。

(3)色覚障害のある人への配慮

　色覚障害のある人は、自分の見えている色が一般色覚と異なると意識することに始まり、次第に色を判断することができるようになります。

　しかし、色の判断には、明るい場所で、ゆっくり時間をかけて見ること、ケースや陳列棚・冷蔵ケースから取り出して確認することが必要な場合があります。色を見分けにくそうにしているお客さまには、手に取って商品を見ていただくほか、「この商品は濃い緑色です」など、**色を声で伝えましょう。**

■参考

◎色覚検診

　2002年までは小学校4年生の児童に対する色覚検診が義務付けられていましたが、以降、「学校保健法施行細則の一部を改正する省令」により、健康診断の必須項目から色覚診断が削除され、学校検診での色覚検診は希望者のみ受けることになりました。

◎雇入時健康診断

　2001年には厚生労働省が、雇入時健康診断での色覚検査を廃止し、色覚異常のある人の就職に際しての制限は大幅に緩和されましたが、日本では、色覚制限のある職業として、パイロットや航海士、航空管制官、電車の運転士、自衛官（戦闘機パイロット、潜水艦乗組員など）といったものがあります。消防士や警察官の採用には、色覚検査の結果を反映させることがあります。

◎自動車の運転免許

　色覚障害があっても、「赤」「青」「黄」の判別ができる場合は、自動車運転免許を取得・更新できます。

◎色覚障害で感じる不便

・青空と薄曇り空の見分けがつきにくい。
・色の違うソックスを片方ずつはいていても、気づかないことがある。
・生の肉とよく焼けた肉の見分けがつかない。
・信号の色の見分けがつきにくいので、左は赤、中央は黄、右は青と、並び順で判断する。

3 視力が低下した状態について考える

○×クイズ

※解答・解説は別冊6〜7ページ

Q3 白内障の症状のある人が日常生活で感じていることと発症原因は何でしょうか。

1. 眼鏡をかけても、小さな文字で書かれている取扱説明書などは読みにくい。
2. 暗いところから外に出ると、まぶしいと感じる。
3. 加齢が原因であり、その他のものでは発症しない。

Hint! 白内障は、目の疾患の1つで、水晶体が灰白色や茶褐色ににごり、物がかすんだりぼやけて見えたりする症状が現れます。

Point !! 白内障は、加齢に伴い誰にでも起こりうる症状です。加齢によるもののほか、糖尿病や有害光線（紫外線や赤外線）によるもの、さらに、アトピー性白内障など若年で発症するものもあります。

見えにくさについての基本知識

(1) 白内障の特徴

　白内障は、40代の人にも生じています。50代では約8％、60代では約40％、70歳以上では80％以上と、年を重ねるにつれ割合が増加する傾向があります。特に、80歳以上の高齢者では、ほとんどが何らかの形で白内障の症状を引き起こしているといわれます。ただし、進行の速さには個人差があります。また、必ず視力の低下をもたらすというものでもありません。このため、水晶体がにごるのは、病気ではなく、老化の一環であるという見方もあります。なお、加齢に伴い多くの人にみられる症状には、**老視（老眼）**があるほか、見えにくさの原因となる疾患では、**緑内障、網膜色素変性、糖尿病網膜症**などがあります。

(2) 白内障を引き起こすもの

　白内障の原因は、加齢に伴い水晶体がにごること以外に、先天性のもの、糖尿病によるもの（代謝性）、目のけがによるもの（外傷性）、赤外線などの有害光線によるものなどがあげられます。なお、糖尿病が原因として起こる目の病気には、白内障のほか、糖尿病網膜症があります。糖尿病網膜症は、網膜に出血や網膜剥離が起きることで視力や視野の障害が生じる病気です（P.39脚注参照）。

(3) 高齢者以外にみられる白内障

　10〜30代に発生するものに、アトピー性白内障があります。アトピー性白内障は、アトピー性皮膚炎のかゆさから目のまわりを無意識にこすることが原因（外傷性）という説があります。加齢による白内障と比べ進行が速いため、急速に症状が悪化する特徴があります。

　そのほかでは、生まれたときから水晶体ににごりがあり、成長とともに進行する先天性白内障や、パソコンやスマートフォンなどの強い光や紫外線が原因となる若年性白内障があります。

　白内障は、加齢により誰にでもいつかは現れる症状といえますが、少しでも発症・進行を遅らせるための予防が大切です。

■白内障の予防

①紫外線から目を守る	帽子をかぶる、サングラスを使用するなどします。
②ブルーライトから目を守る	画面から40cm以上目を離します。

用語解説

◎老視

　老眼とも呼ばれますが、老視が正式名称です。加齢により水晶体の弾性が失われ、近くのものに焦点を合わせることができなくなります。40歳代から60歳代初めに自覚されることが多いのですが、実際には、20歳前後から水晶体の調節力の減少は始まります。

◎緑内障

　視神経の変化と視野異常（視野欠損）が現れる進行性の病気です。従来は眼圧（目の中の圧力）が高いことが原因と考えられていました。しかし、眼圧が正常範囲でも症状があることが確認され、視神経乳頭の弱さが原因と考えられています。基本的には、一度失った視野は回復することがないため、中途失明の原因となります。

◎網膜色素変性

　網膜の光を感じ取る細胞が機能しなくなることで、視野が狭くなります。初期には、暗い場所でものが見えにくくなり、しだいに視野の周辺から中心に向かって視野狭窄（きょうさく）が進行します。

参考

◎視覚障害の原因疾患

　岡山大学大学院医歯薬学科総合研究所と山形大学大学院医学系研究科の研究グループの視覚障害の実態調査（2015年度）によると、視覚障害の原因疾患は、第1位が緑内障、第2位が網膜色素変性、第3位が糖尿病網膜症となっています。

見えにくさのある人の暮らしを考える

○×クイズ

※解答・解説は別冊7ページ

Q4 見えにくさのある人が不便に感じていることは何でしょうか。

1. 足元の小さな段差などの危険に気づけないこと
2. 小さな文字の多い契約書や成分表示を確認すること
3. 1人で外出したり家事をしたりすること

Hint! 見えにくさのある人が、1人では難しいと感じることが多いのは、色の識別や読み書きに関することです。

Point!! 軽度の弱視の人、視力が低下した状態の人は、外見ではわかりにくいかもしれません。お客さまが困っている様子を察知できることが大切です。

見えにくさのある人への配慮

(1) 見えにくさのある人が感じる不便

　白内障の治療には、点眼薬によるものと手術で眼内レンズを入れるものがありますが、初期はほとんど無自覚とされており、治療を開始していない人もいます。

■白内障による見えにくさの例

- ・暗い場所では文字や商品がよく見えない。
- ・暗いと段差の境目がわかりにくい。
- ・太陽の光を非常にまぶしいと感じる。
- ・視界が黄色くにごるため、色の違いがよくわからない。

■網膜色素変性による見えにくさの例

- ・夜になるとよく見えない（夜盲）。
- ・急に暗いところに入るとほとんど見えない。
- ・明るい場所をまぶしいと感じる。
- ・横から近づいてくる人や物に気づきにくい（視野狭窄）。

■高齢者の見えにくさの例

- ・暗い場所から明るい場所に目が慣れるのに時間がかかる（暗順応）。
- ・明るい場所から暗い場所に目が慣れるのに時間がかかる（明順応）。

(2) 見えにくさのある人への接客・接遇

　見えにくさの原因や感じ方はさまざまです。「小さな文字がよく見えない」というお客さまに、「貸出し用の老眼鏡がありますので、お使いください」と対応することは、適切ではありません。見えにくさの原因が白内障の場合、老眼鏡をかけても見えやすくはならないからです。

　また、申請書や申込書の記入に困っている様子のお客さまに、「代筆いたします」と対応することが、必ずしも正しいとは限りません。お客さまが記入の難しさを感じているのは、記入欄のどこに何を記入すると指定されているのかわからない、小さな文字が見えない、あるいは、記入欄の枠が見えないことが原因である場合があります。「こちらで代筆いたしますか？　ご自身で記入いただけるようにご案内いたしましょうか？」など、**お客さまのニーズを勝手に決めつけることなく、要望を引き出す声かけをしてください。**

■ 用語解説

◎夜盲

　暗いところや夜に見えにくさを感じます。暗さに適応する網膜細胞の異常により、暗い場所での視力が衰えることで生じます。

◎暗順応・明順応

　光の量に応じて目の感度を調整する機能が明順応・暗順応です。若い人でも、明順応にかかる時間は40〜60秒程度、暗順応にかかる時間は30秒〜60分程度とされていますが、高齢になると、さらに時間がかかるようになります。

■ 参考

◎会計時に感じる不便

- ・クレジットカードを使うとき、複数のカードのなかから目的のカードを識別すること
- ・決済のためサインを求められたとき、署名欄に見当をつけること
- ・紙幣や硬貨などを識別すること（時間がかかる）
- ・レジや電卓に示された金額を見て確認すること

◎記入のサポート方法

- ・記入箇所を指さしながら、何を記入するよう指定されているか、声に出して伝える。
- ・記入箇所にお客さまが持つペン先を導いて案内する。
- ・記入欄の枠線に紙を重ねるなどして、触れて枠の位置がわかるようにする。

5 視覚情報のユニバーサルデザイン「色の工夫」

○×クイズ

※解答・解説は別冊7ページ

Q5 カラーユニバーサルデザインの考え方と合うものはどれでしょうか。

1．色覚異常のある人のために、一般色覚の人向けとは別の資料を作ること
2．一般色覚を中心に据えた色使いを見直し、多様な色覚に配慮した色使いをすること
3．特殊な色使いのため、一般色覚の人には見えにくくなるようにすること

Hint!　カラーユニバーサルデザインは、「情報がなるべくすべての人に伝わるように色の使い方を配慮する」ことです。

Point!!　多様な色覚への配慮は、白内障で視界が黄色くにごって見える人にとっての「見やすく」「わかりやすい」色使いを含みます。

カラーユニバーサルデザイン「色の工夫」

（1）色の3要素

　色には**色相・明度・彩度**の3つの要素があります。

　色相は、青、緑、赤といった色みのことです。

　明度は、明るい青と暗い青といった色の明るさのことです。白っぽくなるほど明度は高くなり、黒っぽいほど明度は低くなります。

　彩度は、鮮やかな青とくすんだ青といった色の鮮やかさのことです。鮮やかな色ほど彩度が高く、くすんだ色では彩度が低くなります。

　経済産業省は、2018年、危険を知らせる標識などに使う安全色や安全標識の日本工業規格（JIS）を改正し、多様な色覚に配慮したカラーユニバーサルデザインの安全色に規格を変更しています。なお、日本工業規格は、2019年の法改正により、日本産業規格に名称が変わっています。

（2）色相・明度や彩度に配慮する

　映写スライドの説明に赤い光のレーザーポインターを使用すると、色覚異常のある人はどこを指しているのかわかりにくいと感じます。赤のレーザーより、緑のレーザーほうが8倍明るく見えるとされています。お客さまへの案内（ポスター・パンフレットなど）だけでなく、**社内・組織内の情報共有でも多様な色覚に配慮した色使いをすることが大切です**。

■カラーユニバーサルデザイン「色の工夫」の例

色の要素	問題点	解決策
色相	・似たような色の境界線がわかりにくい。 ・濃い赤は黒と混同しやすい。 ・緑は赤や茶と間違えやすい。	・黄、黄緑、明るい緑を並べて使わない。 ・濃い赤の代わりに赤橙やオレンジ色を使う。 ・赤と組み合わせる青には青みの強い緑を使う。
明度	・色付きの背景に色付きの文字だと文字が読みにくい。 ・黒、青、緑の背景に赤色の文字は読みにくい。	・背景色と文字色に明度差を付ける。 ・文字に白縁を付ける。 ・文字色を白、黄、クリーム色など明るい色にする。
彩度	・鮮やかさが同じ色は混同しやすい。 ・黄、黄緑、緑など色相の変化が見分けにくい。	・鮮やかさの高い色と低い色を組み合わせる。 ・暗い緑と明るい緑のように明るさを変える。

参考

●安全色・安全標識の改正事例

赤　黄赤　黄　緑　青　赤紫

赤：1型色覚の人が黒と誤認しやすかったため、黄みに寄せた。

黄赤：赤が黄赤側に寄ったため、黄みに寄せて色相を離した。

黄：黄赤側に寄っていて明度が低く、1型・2型色覚の人が黄に感じにくかったため、赤みを抜いて明度をやや上げた。

緑：1型・2型色覚の人には緑ではなく灰色に感じられ、ロービジョンの人には青と見分けにくかったため、黄みに寄せた。

青：明度が低く黒や赤紫との見分けが難しかったため、ロービジョンの人が緑と見分けられる範囲で明度をやや上げた。

赤紫：2型色覚の人が緑や灰色と見分けにくかったため、青と見分けられる範囲で青みに寄せた。

※出典：「JIS安全色（JIS Z 9103）改正内容の紹介」NPO法人カラーユニバーサルデザイン機構

◎カラーユニバーサルデザイン推奨配色

　東京大学分子細胞生物学研究所と企業等によるカラーユニバーサルデザイン推奨配色は、濃い赤の代わりに使う赤橙のRBG値に（255,40,0）が推奨されています。RBG値は、色の組み合わせを指定するものです。推奨色が示すRBG値は、左から順に、R：赤、G：緑、B：青、それぞれの色の割合を指定するものです。

6 視覚情報のユニバーサルデザイン「色以外の工夫」

○×クイズ

※解答・解説は別冊7ページ

> **Q 6** 視覚情報のユニバーサルデザインで読みにくさが解消できるのはどこでしょう。
>
> 1．点字を使用しなくても全盲の人に伝わる表示や資料
> 2．日本語の読み書きが難しいと感じている外国の人への案内版
> 3．色覚障害のある人にはわかりにくい避難経路の案内図

Hint! 色覚の違いだけでなく、文字の大きさや言語の違いにも配慮することが、視覚情報のユニバーサルデザインです。

Point!! ピクトグラムは、文字情報では意味が伝わらない場合でも、視覚で意味を伝えることができます。

視覚情報の色以外の工夫

（1）文字の強調

重要な個所を強調するために、黒の文字で書かれた文章の一部を赤の文字にすることがあります。そのさい、カラーユニバーサルデザイン推奨の赤橙を使用するほか、文字の工夫も有効です。

■文字の工夫の例

下線を引く	<u>注意事項</u>をよくお読みください。
文字の太さを変える	**注意事項**をよくお読みください。
書体を変える	**注意事項**をよくお読みください。
白抜きの文字にする	注意事項をよくお読みください。

（2）形状を変える

線の種類を変えることで、よりわかりやすいグラフになります。

■形状の工夫の例

・実線だけでなく、点線、破線など異なる線を使う。
・凡例を直接グラフに書き込む。

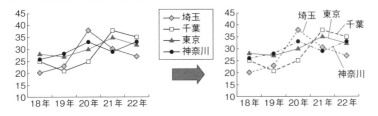

（3）ハッチング（地模様）や境界線を加える

隣り合わせで使う色にひと手間かけると、よりわかりやすい表になります。

■表現の工夫の例

・ハッチング（立体や陰影を表現するために用いる等間隔の斜線）の違いを加える。
・境目に細い黒や白の輪郭または境界線を入れる。

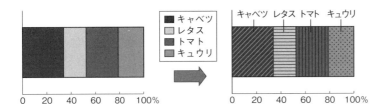

（4）文字を加える

色分けされた伝票など、ピンクの伝票であれば、わかりやすい位置に「ピンク」と文字を加えます。

用語解説

◎ピクトグラム

「絵文字」「絵記号」と訳されることがあります。特定の言語がわからなくても誰にでも情報が理解できるように、意味することを形状で表すものです。

◎凡例

グラフにつける説明のことです。

参考

◎文字の大きさ

自治体の多くは、用紙サイズがA4の場合、12〜14ポイントの文字を推奨しています。また、9ポイント以下の文字には、UDフォントの使用を推奨しています。

◎フォント

ゴシック体は文字の太さが均一なため見やすいのですが、長文の場合、読みやすいのは明朝体です。「見やすさ」と「読みやすさ」でフォントを使い分けましょう。

UDフォント以外では、以下が比較的「見やすく」「読みやすい」とされています。

・メイリオ
・Meiryo UI
・MSゴシック
・游ゴシック
・MS明朝
・游明朝

1 盲導犬の役割を理解する

○×クイズ ※解答・解説は別冊7ページ

Q1 盲導犬が視覚障害のある人を誘導しているとき、周囲の人の行動として望ましいのはどれでしょうか。

1. 盲導犬の名前を呼んだり、犬に触ったりしない。
2. 盲導犬に食べ物や水を与えない。
3. 盲導犬を伴った人に案内を頼まれたら、盲導犬のハーネスを持って誘導する。

Hint! 盲導犬がハーネス（白または黄色のハンドルつきの胴輪）をつけているときは、「仕事中」です。盲導犬を伴った人に断りなく盲導犬に働きかける行為は厳禁です。

聴導犬
黄色かオレンジの上着をつけています。生活で必要な音をタッチして教え、音源に導きます。

盲導犬
白か黄色のハーネスと呼ばれる胴輪をつけています。

介助犬
交通機関の乗車許可承認をつけています。車椅子を利用する人などをサポートします。

補助犬には、聴導犬、盲導犬、介助犬がいます。

Point!! 盲導犬はペットではありません。視覚障害者が安全に歩行できるよう補助する大切なパートナーです。このことは、身体障害者補助犬法に明記されています。また、盲導犬は人に危害を加えることはありません。

盲導犬についての基本知識

(1)盲導犬の種類と数

　厚生労働省の「身体障害者補助犬実働頭数」によると、2022年4月の盲導犬は848頭、介助犬は58頭、聴導犬は63頭です。国際盲導犬連盟の2018年度時報告書によると、アメリカでは約10,000頭、イギリスでは約5,000頭の盲導犬が実働しているとされています。こうした比較から、米英に比べると、日本には盲導犬が少ないことがわかります。

　海外では、補助犬は「アシスタンスドッグ」と呼ばれ、アメリカには盲導犬・介助犬・聴導犬に加え、てんかんの発作や低血糖を知らせる「アラートドッグ」や、精神疾患のある人の心理面をサポートする「エモーショナルサポートドッグ」がいます。エモーショナルサポートドッグは、一定の条件はあるものの、無料で機内に搭乗できるとする航空会社も増えてきました。

　海外から来日する盲導犬・介助犬・聴導犬は、滞在期間の「海外補助犬使用者期間限定証明書」の発行を受けることで、身体障害者補助犬法の定める施設、公共交通機関、飲食店、ホテルなどに入ることができます。ただし、アラートドッグとエモーショナルサポートドッグは、補助犬と同様の条件では入ることはできません。

(2)盲導犬の役割

■ほじょ犬マーク

　盲導犬は、交差点を発見して止まったり、電柱、看板、停めてある自転車などの障害物をよけたりして盲導犬ユーザーの安全な移動をサポートしますが、**盲導犬が道順を覚えていて、盲導犬ユーザーを目的地まで案内しているのではありません**。盲導犬ユーザーの「まっすぐ進む」「右に曲がる」との指示に従って歩いています。

　盲導犬は、段差で止まったり、ドアや椅子がある場所に誘導したりもできますが、信号が青なのか赤なのかの判断はできません。信号が青に変わったことは、「車が止まった音」「横断歩道を歩き始める人の足音」から盲導犬ユーザー自身が判断しています。

　盲導犬は、10歳を過ぎると引退しますので、盲導犬と行動する人は、2頭目、3頭目の盲導犬を必要とします。

用語解説

◎**身体障害者補助犬法**

　2002年に施行された法律です。国・地方公共団体・独立行政法人・特殊法人には、その管理する施設・事業所・事務所・住居において、鉄道事業者・バス事業者・航空会社・船舶会社等の公共交通事業者には、その管理する旅客施設、旅客の運送を行うための車両・自動車・船舶・航空機等において、身体障害者補助犬を同伴することを拒んではならないと定めています。さらに、2003年には、スーパーマーケット・デパート・ホテル・レストラン等の不特定かつ多数の人が利用する民間施設が管理する施設において、身体障害者補助犬を同伴することを拒んではならないと定められました。

参考

◎**エモーショナルサポートドッグ**

　アメリカの複数の連邦法では、エモーショナルサポートドッグは、補助犬（アシスタンスドッグ）に含まれるとしています。

◎**パピーウォーカー**

　盲導犬候補の子犬を家族の一員として迎えるボランティアのことです。パピーウォーカーは、子犬が人間に対する親しみと信頼感をもつ経験をさせます。子犬が将来、目の不自由な人とともに円滑な生活が送れるようにするための大切な役割を担います。

2 盲導犬を連れた人への接客・接遇の基本

※解答・解説は別冊8ページ

○×クイズ

Q2 盲導犬を連れた人への配慮で望ましいのはどれでしょうか。

1. 飲食店で盲導犬を連れた人を案内する場合、近くのテーブルの人に周知し、了解をいただくようにする。
2. 盲導犬を連れた人に安心して利用していただくために、店頭にほじょ犬マーク（P.65参照）を表示する。
3. 盲導犬が誘導しているときは、サポートの申し出は控える。

Hint! 盲導犬を連れた人が利用をためらいがちになる施設に、病院、飲食店、生鮮食料品を扱うスーパーがよくあげられます。周囲の人の身体障害者補助犬法への理解が望まれます。

■盲導犬ユーザーを誘導しているとき

■盲導犬ユーザーが座っているとき

Point!! 盲導犬ユーザーが盲導犬を連れて気持ちよく食事や買回りができるように、スタッフが犬アレルギーのある人への配慮をすることも大切です。

盲導犬への理解を深める

　盲導犬を連れたお客さまが入店したときは、まず、サポートが必要かどうかを伺います。お客さまがサポートを望んでいる場合は、お客さまのハーネスを持たない側の半歩前の位置に立って誘導します。空いている手で、サポートする人の腕につかまっていただきましょう。

(1)サポートの基本

　盲導犬はお客さまの足元で待機するので、お客さまが椅子などに座るときは、盲導犬が足元で伏せられるような場所に誘導しましょう。

　身体障害者補助犬法を知らないほかのお客さまから、「店内に犬を入れないでほしい」というクレームがあった場合は、「盲導犬はペットではなく、お客さまのパートナーです。店に入れることも法律で義務づけられていますので、ご協力をお願いいたします」と伝えます。

　ただし、犬アレルギーのお客さまもいますので、盲導犬を連れたお客さまを案内するときは、「盲導犬をお連れの方を隣の席にご案内しますが、差し支えありませんか?」と、事前に声をかけるなどの配慮も大切です。

　盲導犬は、乗り物のシートに乗ったり、店内の食べ物をかんだりしないようにしつけられています。**車内・店舗・施設内のスペースが狭くても、盲導犬がお客さまと離れることのないように案内してください。**

(2)サポートが必要な場面

　盲導犬ユーザーは、盲導犬を連れていても困ることがあります。

■盲導犬ユーザーが困ることの例

・店内のレイアウト変更に伴い、陳列棚の配置が変わっていたとき
・店内の改修で窓口や発券機の位置が変わっていたとき
・いつも利用している出入口が閉鎖されていたとき
・いつも通っている道が工事のため通行止めで、迂回しなければならないとき
・陳列棚やテーブルの配置がわからない、初めての店やレストランを利用するとき
・音声案内の付いていない信号機で、信号が青か赤か判断するとき

　盲導犬を連れていても、困っている様子に気づいたら、「信号が青に変わりましたよ」「ご案内いたしましょうか?」と声をかけてください。

■ 参考

◎盲導犬とふつうのペットの区別

　盲導犬は、白または黄色のハーネス(胴輪)が目印で、介助犬・聴導犬は胴着などに表示を付けています。盲導犬を連れた人は「認定証(使用者証)」のほか、「身体障害者補助犬健康管理手帳」などの健康管理手帳を携帯しています。補助犬を受け入れる側が、補助犬使用者に「認定証を確認させていただけますか?」と聞くことは失礼ではありません。

◎盲導犬の健康管理

　盲導犬ユーザーは、盲導犬の身体をいつも清潔に保ち、予防接種も受けさせています。また、盲導犬の食事を管理し、排泄のタイミングを把握しています。

◎宿泊施設

　補助犬ユーザーが宿泊施設を利用するさい、補助犬用の敷物、食事や水を飲ませるための容器が必要になります。これらの貸出しは、盲導犬ユーザーにとって大変うれしいサービスです。

◎盲導犬に適した種類

　ラブラドールレトリバー、ゴールデンレトリバー、ラブラドールレトリバーとゴールデンレトリバーのミックス犬の3種が多いのですが、ジャーマンシェパードも用いられます。従順で頭がよく、人を誘導する体力のある犬種が盲導犬に向いています。

問題1 　次の文章の（　　　　）にあてはまる最も適切な語句または数字を語群より選び、その記号を記入しなさい。（語句・数字は1つにつき1回）

　　視覚障害は、全盲や弱視のため①（　　　　）が十分に得られなかったり、狭窄や暗点のため②（　　　　）が狭まり生活に不自由が生じたりしている状態をいう。

　　年齢別では、18歳未満の視覚障害児が全体の③（　　　　）であり、成人後に視覚障害が生じた割合が圧倒的に④（　　　　）ことがわかる。なかでも50歳以上の視覚障害者は全体の⑤（　　　　）など、視覚障害は、⑥（　　　　）に多い。

　　視覚障害者等級は、障害の程度によって1級から⑦（　　　　）級があり、等級区分は⑧（　　　　）を基準としている。1級が全盲、1級以外の弱視があり、弱視の割合は、視覚障害者全体の約⑨（　　　　）を占めている。

　　視覚障害の原因はさまざまだが、近年、緑内障による⑩（　　　　）や視野障害が増えている。

> 《語群》
>
> ア．低い　　イ．高い　　ウ．全盲　　エ．視野　　オ．1.6%
> カ．56%　　キ．86.2%　　ク．視力　　ケ．失明　　コ．弱視
> サ．裸眼視力　　シ．矯正視力　　ス．幼児　　セ．若年層
> ソ．中高年齢層　　タ．6　　チ．7　　ツ．8　　テ．8割　　ト．6割

問題2 　視覚障害のお客さまへの対応で適切でないものを1つ選び、その記号に○を付けなさい。

ア．弱視の人は、画面を白黒反転させると文字が読みやすくなる。

イ．最初の声かけは、「私は、○○店の○○と申します」と自己紹介する。

ウ．誘導を頼まれたら、お客さまが白杖を持っていない側の半歩前、お客さまに背を向ける形に立つ。

エ．おつりは、紙幣の上にレシートと硬貨を乗せて手渡しする。

オ．全盲でも「名前は自分で書ける」と仰るお客さまへは、代筆対応でなく署名欄がわかるように案内する。

問題3　下のテーブルの絵を見て、①テーブルの状態と②料理の盛り付け方を、クロックポジションを使って説明しなさい。

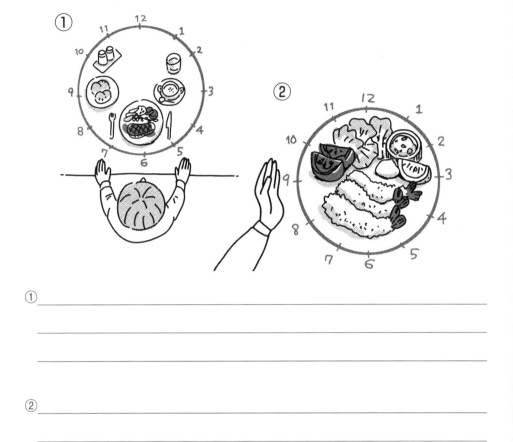

① _____

_____

_____

② _____

_____

_____

問題4　視覚情報のユニバーサルデザインについての記述として<u>適切でないもの</u>をすべて選び、その記号に○を付けなさい。

ア．濃い赤は黒と混同しやすいので、濃い赤の代わりに赤橙やオレンジ色を使う。

イ．赤色のレーザーポインターは、緑や青のレーザーより明るく見える。

ウ．ピクトグラムは、文字では意味が伝わらない情報を直感的に伝えることができる。

エ．色分けされた伝票など、ピンクの伝票であれば、わかりやすい位置に「ピンク」と文字を加える。

オ．自治体の多くは、9ポイント以下の文字にはUDフォントの使用を推奨している。

※解答・解説は別冊18ページ

 スニーカー専門店のD店では、現在、会員登録していただいたお客さまに、お買い上げ金額から15%値引きのキャンペーンを行っています。サービスカウンターの田中さんは、1人で来店された白杖を持ったお客さまから、「会員登録したいのですが、目が不自由でもできますか？」との質問を受けました。

田中さんの接客で、合理的配慮の提供にかなった対応となっているのはどれでしょうか（合理的配慮に相当する対応は1つだけとは限りません）。

① 会員登録用のQRコードを渡して、「こちらのアプリをインストールして、ダウンロードしたアプリにお客さま情報を入力してください」と伝え、「登録が完了したらお声かけください。確認画面を見せていただきましたら、本日のお買上げから15%のお値引きをご利用いただけます」と案内する。

② 会員登録にはQRコードの読取りとお客さま情報の入力が必要なことを伝え、「今日は、どなたか近くにお客さまの代わりにスマートフォンを操作できる人がいらっしゃいますか？」と尋ねる。

③ お客さまに、「会員登録には、QRコードの読取りとお客さま情報の入力が必要なのですが、お客さまのスマートフォン操作でご不便をおかけすることがありましたら、お申し付けください」と伝え、お客さまの求めに応じてスマートフォン操作の手伝いをする。

― ケーススタディ 2 ―
メニューの仕様変更

※解答・解説は別冊18ページ

Q　　地鶏が人気の焼き鳥E店では、店内改装に伴いメニューの仕様変更を話し合っています。「壁に貼っていたメニューやテーブルに置いていたメニューは時代遅れ」という意見があり、「タブレットやスマートフォンで注文できるメニューに変更しよう」という意見が多数を占めています。

　　メニューの仕様変更で、E店が目の不自由なお客さまへの合理的配慮のために検討するとよいことは何でしょうか（合理的配慮に相当する対応は1つだけとは限りません）。

① 　タブレットやスマートフォンからの注文が難しいお客さまには、印刷されたメニューも見ていただけるように、今まで使っていた紙のメニューも保存しておく。

② 　メニュー表示と注文はすべてタブレットまたはスマートフォン経由とする。ただし、見えにくさのあるお客さまには、「タブレットに表示されるメニューを、スタッフが読み上げてお客さまに伝えること」や「お客さまからの口頭での注文もお受けすること」をスタッフ全員で共有する。

③ 　すべてのメニュー表示と注文は、タブレットやスマートフォン経由とする。こうしたデジタルデバイスに対応できないお客さまには「申し訳ないが、当店の利用を控えていただくようお願いすること」をスタッフ全員で共有する。

案内文の作成

※解答・解説は別冊18〜19ページ

 社内の通達や連絡にも、視覚情報のユニバーサルデザインを意識して文書を作成しましょう。

読む人の中には色覚障害や白内障、老眼の見え方のある人がいることを想定して、以下の内容をわかりやすく伝える工夫や表現を考えてみましょう。

来期の達成目標

各店舗における前期の売上目標の達成率は、
A支店85%、B支店98%、C支店90%でした。
前期各店舗の売上目標金額は、
A支店1,200万円、B支店1,000万円、C支店800万円でした。

来期は各支店の売上目標を前期より10%アップした金額に設定しています。
目標達成のための改善点、本社への要望を支店ごとにまとめて
3月15日までに本社担当者（荒木）にご連絡ください。

見やすく・わかりやすい表現にするため、以下の項目を検討してください。

・強調する箇所への色使い　　・強調する箇所に用いる文字
・表やグラフを用いた表現　　・表やグラフでの色使い
・文字の大きさとフォント

Part

3

聴覚に不自由を
感じる方へのサービス

1 聴覚障害とは

○×クイズ

※解答・解説は別冊8ページ

Q1 聴覚に不自由を感じている人の生活について正しいのはどれでしょうか。

1．聴覚に障害のある人は、声を出して自分の意思を伝えたり、会話をしたりすることができない。
2．聴覚に障害があることは、外見からではわからないことが多い。
3．補聴器を使っても音が聞こえない人は、自動車の運転免許を取得できない。

Hint! 聴覚障害者には、生まれたときから聞こえない人もいれば、若いころ、あるいは、高齢になってから音を失った人もいます。片耳だけ聞こえない人、低音が聞こえにくい人、補聴器の助けを借りれば聞こえる人、まったく聞こえない人まで、障害の程度もさまざまです。

■聴覚障害者標識（聴覚障害者マーク）

Point!! 聴覚障害は「見えない障害」といわれます。外見ではわからないためであり、声をかけられたときに反応できず、無視したと誤解をされてしまうことがあります。

聴覚障害者についての基本知識

（1）聴覚障害のある人の数

　『平成28年生活のしづらさなどに関する調査』によれば、18歳以上の聴覚・言語障害者は、約34万1,000人です。年齢別でみると、18歳未満は5,000人（1.5％）ですが、65歳以上では26万2.000人（76.8％）となり、聴覚・言語障害のある人が高齢者層に多いことがわかります。なかでも70歳以上が22万8.000人と全体の66.9％を占めています。

（2）聴覚障害の種類

　聴覚障害は、聴覚障害になった原因（時期）により、先天的なものと後天的なものに分類されます。

■聴覚障害の種類

分 類	原 因
先天的	聴覚組織の発育不全や、胎内でのウイルス感染（特に風疹）などで聴覚系統が冒されたもの
後天的	突発性疾患・薬の副作用・頭部外傷・騒音や、加齢による老人性難聴などで聴覚組織に損傷を受けたもの

　身体障害者福祉法では、以下の聴覚障害の例をあげています。

①中途失聴者 ── 音声言語を獲得した後に聞こえなくなった人で、まったく聞こえない中途失聴者でも、ほとんどの人は話すことができます。

②難聴者 ── 聞こえにくいけれど、まだ聴力が残っている人です。補聴器を使って会話できる人から、わずかな音しか耳に入らない人までさまざまです。

③ろう（あ）者 ── 音声言語を習得する前に失聴した人で、そのため、手話を第一言語としている人がほとんどです。

　ひと口に聴覚障害といっても、聴覚障害の種類や両耳の聴力レベル差などの要素がからみ、**聞こえ方は個人によってさまざまです。**

■身体障害者福祉法の等級表（聴覚障害）

2級	両耳の聴力レベルがそれぞれ100dB以上のもの（両耳全ろう）
3級	両耳の聴力レベルが90dB以上のもの（耳介に接しなければ大声語を理解し得ないもの）
4級	1．両耳の聴力レベルが80dB以上のもの（耳介に接しなければ話声語を理解しえ得ないもの） 2．両耳による普通話声の最良の語音明瞭度が50％以下のもの
6級	1．両耳の聴力レベルが70dB以上のもの（40ｃｍ以上の距離で発声された会話語を理解し得ないもの） 2．1側耳の聴力レベルが90dB以上、他側耳の聴力レベルが50dB以上のもの

※1級・5級は該当なし。

用語解説

◎聴覚・言語障害者

　身体障害者福祉法で定められた聴覚障害の等級は、聴力レベルによって1級から6級が設けられています。聴覚障害者のなかには、言語獲得前に障害が出たため発音が不自由であるという言語障害の人もいます。聴覚障害2級と言語障害3級の両方がある場合に障害1級が認定されます。

参考

◎聴覚障害者標識

　2012年、道路交通法施行規則の一部改正により、聴覚障害者（補聴器を使用しても10ｍの距離で90dBの警音器の音が聞こえない人）の運転できる車両が拡大されました。従来の普通乗用自動車から、次の車両に変更されました。

・すべての普通自動車

・準中型自動車

・大型自動二輪車、普通自動二輪車、小型特殊自動車および原動機付自転車

　ただし、準中型自動車と普通自動車を運転するときは、ワイドミラーまたは補助ミラーを取り付けること　自動車の前後の定められた位置に聴覚障害者標識（P.74参照）の表示義務があります。

用語解説

◎聴力レベル

　音の大きさは、dBで表します。数字が大きいほど大きな音を意味します。平均的な健聴者が聞こえる一番小さな音が0dBであり、25dB未満の音が聞こえることを正常の範囲としています。

2 難聴とは

※解答・解説は別冊8ページ

○×クイズ

Q2 難聴の原因は何でしょうか。

1. 加齢によって難聴になることがある。
2. ストレスが原因で難聴になることがある。
3. 耳栓を長時間していると難聴になることがある。

Hint! 日本における難聴や補聴器に関する日本補聴器工業会の調査「JapanTrak 2018」によると、自分が難聴であると自己申告した人の数は、1,430万人（総人口の11.3%）です。

Point!! 難聴の人すべてが、補聴器を使用すれば会話を正しく聞き取れるというわけではありません。難聴の原因になっている部位によっては、補聴器を使っても会話が聞き取れない場合があります。

聴覚障害の種類

（1）さまざまな聴覚障害

聴覚障害になった部位により、伝音性難聴、感音性難聴、混合性難聴に分類されます。

■聴覚障害の種類

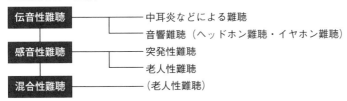

伝音性難聴	中耳炎などによる難聴
	音響難聴（ヘッドホン難聴・イヤホン難聴）
感音性難聴	突発性難聴
	老人性難聴
混合性難聴	（老人性難聴）

①伝音性難聴

外耳（耳介・外耳）、鼓膜（こまく）、中耳の障害による難聴です。音が伝わりにくくなっただけで、音を聞くための神経には異常がないため、治療によって、症状が改善される場合もあります。

②感音性難聴

内耳・聴神経・脳の障害による難聴です。いわば、神経性の難聴です。内耳で音がうまく処理されなかったり、音の電気信号を脳へ伝える神経がうまく働かないため、「聞こえない」という音量の問題に加えて、「聞き取れない」という音質の問題が加わります。さらに、音量は普通に「聞こえている」のに言葉の内容が「わからない」という症状もあります。

③混合性難聴

伝音性難聴と感音性難聴の両方の原因をもつ難聴です。

（2）難聴の程度による違い

難聴の程度によって聞こえ方は異なります。中等度の場合、人の声や言葉の母音は聞こえても、子音が聞こえない、話している内容が聞き取れないといった聞こえ方です。重度の場合、人との会話はほとんど聞こえず、サイレンなど非常に大きい音が何とか認識できる程度の聞こえ方です。

■難聴の区分と聞こえ方

区分	聴力レベル	聞こえ方
重度難聴	90dB以上	耳元で話されても聞き取れない。
高度難聴	70〜89dB	通常の会話が聞き取れない。
中等度難聴	40〜69dB	通常の会話が聞きにくい。
軽度難聴	25〜39dB	小さな声が聞きにくい。

用語解説

◎音響難聴（ヘッドホン難聴・イヤホン難聴）

大きな音を聞き続けることで、内耳にある音を電気信号に変えて神経や脳に伝える細胞が、機能低下や減少することにより生じます。一般的に、100dBの音を1日15分以上聞くと、聴覚障害が起きやすいといわれています。失った細胞を再生すること、回復させることは非常に困難です。音量を下げるか、定期的に音を止めて耳を休ませるなどの予防が必要です。

◎突発性難聴

急激に発症する感音難聴です。健康で耳の病気を経験したことのない人が、明らかな原因もなく、あるとき突然聞こえにくさを感じます。通常、片側に起こります。

◎老人性難聴

加齢を原因とし、高音から聞き取りにくくなる特徴があります。雑音と人の声の区別がつきにくい、言葉が聞き取れない、大人数での会話ができないなどの不便が生じます。

参考

◎耳マーク

聴覚障害は、見た目からはわからないことがあります。そこで、聴覚障害があることを表すため、耳マーク（P.76参照）を使用する人もいます。耳マークは、事業者や自治体の窓口に掲示されることも増えています。聞こえにくさのある人の申し出に応じて、必要なサポートを行うことを伝えるために用いられています。

3 聴覚障害のある人の暮らしを考える

○×クイズ　　　　　　　　　　　　　　　　※解答・解説は別冊8〜9ページ

Q3 聴覚障害のある人とのコミュニケーションについて正しいのはどれでしょうか。

1. 聴覚障害のある人であれば、手話でコミュニケーションができる。
2. 国際会議などで使用される世界共通の手話がある。
3. マスクを着けている人との会話は困難と感じる。

Hint! 『平成28年生活のしづらさなどに関する調査』によると、聴覚障害のある人（65歳未満）で日常のコミュニケーション手段に手話・手話通訳を使用している人は、25.0％とされています。

●日本手話　　　　　　　　　　　※主にろう者が使用

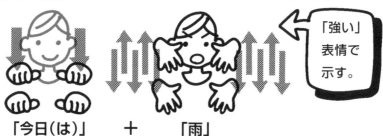

「今日（は）」　　＋　　「雨」

「強い」表情で示す。

●日本語対応手話　　　※主に難聴者、中途失聴者が使用

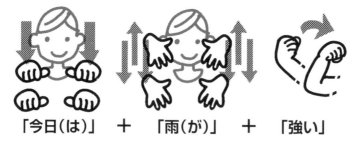

「今日（は）」　＋　「雨（が）」　＋　「強い」

Point!! 聴覚障害者とのコミュニケーションの方法には、手話以外にも読唇法（口話・読話）、空書、指文字、身振り（ジェスチャー）、筆談、スマートフォン、タブレット、ノートテイク、要約筆記などの方法があることも覚えておきましょう。

聴覚障害者のコミュニケーション方法

(1)道具を使わないコミュニケーション

①手話…日本手話と日本語対応手話があります。

> ①日本手話 ── 古くから障害者同士で使用されていたものです。

> ②日本語対応手話 ── 中途失聴の人が多く使用しています。文法・単語を細かく表現するものです。

　聴覚障害のある人で手話を使用する人は、65歳未満では25%ですが、65歳以上では4.3%と、使用する人の割合が少なくなります（平成28年生活のしづらさなどに関する調査）。

②読唇法…口話や読話とも呼ばれ、相手の口の動きで言葉を理解するという手段です。口元が見えないと、言葉を読み取ることができないことに注意しましょう。

③空書…空間に文字を書いて伝える方法です。相手の手のひらに文字を書いて伝えるといった方法に応用できます。

④指文字…人名など、手話にない日本語を表現するさいに使用されます。指文字は、指の形で日本語の「あ」から「ん」までの50音を表す方法です。

(2)道具を使ったコミュニケーション

①筆談…紙や筆談ボード（小さめのホワイトボード）、筆談器に文字や記号、絵を書いてやりとりする方法です。できるだけ簡単な短文で、相手の反応を見ながらやりとりします。

②IT機器…65歳未満の聴覚障害のある人では、20.8%がスマートフォンやタブレットをコミュニケーション手法に活用しています。筆談アプリを使って画面上で筆談したり、音声認識アプリで相手の音声をリアルタイムに文字に変換したりして会話しています。

③補聴器…内蔵されたマイクロホンが音を大きくして出力することで、聞こえにくさを補う医療機器で、使用者の聞こえていない音だけを大きくするなどの調整ができるものです。

④人工内耳…補聴器の装用で効果がみられない場合、人工内耳の手術を受けることがあります。人工内耳は、世界で広く普及している人工臓器の1つです。

参考

◎指文字・手話

　P.159に「指文字一覧表」を、P.160〜165に「接客手話の基本」を載せていますので、参考にしてください。

用語解説

◎ノートテイク

　学校の講義などで、聴覚障害のある学生の両側にノートテイカーが座り、交代で講義内容をノートに筆記する方法です。

◎要約筆記

　聴覚障害者の情報保障に、話の内容を要約し文字にして伝える方法です。
・パソコン要約筆記…講義や会議で、筆記通訳者が、話者の言葉を文字にしてパソコンに打ち込み、プロジェクターに映し出して伝える方法です。

◎音声認識アプリ

　話し言葉を文字にしたり、入力した文章を読み上げたりする機能を持つアプリです。その1つに「UDトーク」があり、日常会話のほか、講演会のリアルタイム字幕、オンライン会議（Zoom）の字幕、多言語に対応しています。

参考

◎国際手話

　言語や国ごとに手話表現は異なりますが、国際手話は言語の違いを超えた共通手話です。国連主催の世界会議では、国際手話通訳が付けられるようになっています。

1 聞こえないこと・聞こえにくいことへの理解

○×クイズ

※解答・解説は別冊9ページ

Q1 「耳が聞こえにくいです」と申し出のあったお客さまをご案内するさい、声かけの仕方として望ましいのはどれでしょうか。

1. お客さまの耳元で、大きな声で「お客さま」と声をかける。
2. 軽く肩をたたいて注意を喚起してから、「お客さま」と声をかける。
3. お客さまに目線を合わせ、口元がはっきり見える位置で「お客さま」と声をかける。

Hint! 声が聞こえない場合や聞き取れない場合は、話している内容がわからないだけでなく、話しかけられていることに気づけないことがあります。

Point!! 聞こえないお客さまが座っているとき、スタッフが頭上から話しかけても気づけないことがあります。腰を落として目線に合わせ、話しかけていることがわかるように声をかけましょう。

聞こえない・聞こえにくさによる不便

（1）聞こえないために困ること

　聞こえないことは外見だけではわからないため、「声をかけたのに無視する感じの悪い人」と誤解されることがあります。

　声をかけたけれども気づかない様子があったときは、**お客さまの視界に入る場所からもう一度声をかけてください。**

　耳が聞こえないことを知られたくないお客さまもいます。聴覚障害のあるお客さまとわかって大声で接客することのないようにしましょう。また、お客さまに呼びかけるとき、**背後から近づいて肩をたたいてはいけません。突然体に触れられると、**

■文字を使った接客の例

驚いてしまいます。**正面に回って声をかけるのが、聞こえないお客さまに対する接客・接遇の基本です。**

（2）聞こえにくさのために困ること

　学校の授業や職場の会議は音声で行われることがほとんどです。オンライン授業や会議でも音声が聞き取れない場合、誰が話しているのか、何を話しているのかわからないため困ることがあります。

　また、交通機関や自治体の非常時・災害時を知らせるアナウンスが聞き取れないため、状況がわからず困ることがあります。

　聞こえない人・聞こえにくい人は、緊急停止したエレベーター内から非常通知ボタンを使って外部に連絡をとることに難しさを感じています。

　音声だけでなく、聞こえない人・聞こえにくい人にも伝わるように、視覚情報で伝わる手段を準備することが大切です。

■視覚情報を付加する事例

- ・エレベーター内にテレビ電話を設置する。…エレベーターのSOSボタンを押すと、文字を見せたり、身振りやジェスチャーを使って会話できたりする。
- ・オンライン会議に字幕を付ける。
- ・TV番組に字幕を付ける。
- ・トイレなど個室空間に光警報装置（フラッシュライト）を設置する。

■ 参考

◎聞こえないために困ること

- ・エレベーターの中で後ろに立っている人から「5階のボタンを押してもらえますか？」と頼まれても対応できない。
- ・下を向いているときに「ご注文はお決まりですか？」と聞かれても気づけない。
- ・後ろから車のクラクションや自転車のベルを鳴らされても気づけない。
- ・試着室の扉の外から「裾丈はいかがですか？」と声をかけられても気づけない。
- ・電車内や店内での非常時・災害時のアナウンスに気づけない、アナウンスの内容がわからない
- ・問合せ先が電話番号だけだと、聞きたいことがあっても確認できない。

◎聞こえにくさのために困ること

- ・電車の遅延や事故の発生を知らせる車内放送が聞き取れない。
- ・車内アナウンスが流れるとアナウンスの内容が聞き取れない、隣で話している人の言葉が聞き取りにくくなる。

◎手話言語条例

　2011年改正障害者基本法に「言語（手話を含む）」と明記されたことから、2013年に鳥取県が制定した条例で、「手話を1つの言語として認め尊重する」「手話を普及させることで聴覚障害者の暮らしをよりよくする」ことを目的としています。2022年現在、同様の条例が全国455の自治体で制定されています。

2 来店時の接客・接遇の準備をする

※解答・解説は別冊9ページ

○×クイズ

Q2 聴覚に不自由を感じている人に配慮した事前の準備として望ましいものはどれでしょうか。

1．店頭やカウンターに「耳マーク」(P.76参照)を表示する。
2．「バリアフリートイレ」を設置する。
3．あいさつ程度の手話を習得する。

Hint! お客さまの注意をうながすために手をあげてから話したり、電卓を置くなど配慮します。あせらずゆっくりきちんと応対しましょう。

Point!! 店員や従業員のネームプレートに「手話勉強中」といった表示を付けると、お客さまの安心感が増し、好感度がアップします。

入店から会計までの接客・接遇の基本

(1) 入店前の準備

　お客さまが来店する前の準備が大切です。聴覚障害のあるお客さまがいらっしゃることを想定し、**商品や手続き手順を説明するためのフローチャートや、指差しで会話できるコミュニケーションボードを用意しておくと便利です**。また、来店前の問合せに積極的に応じられるよう、電話のほかにファクシミリ、メール、ホームページの問合せフォームなど、複数の手段で対応できるよう配慮します。事前にお客さまのニーズを知り、ニーズに応えられるように備えておけば、来店時にあわてることなくコミュニケーションが取れ、店舗や施設への信頼度アップにもつながります。

(2) 来店後のサポート

　サポートは、お客さまに求められたときに提供するのが基本ですが、遠慮しているお客さまもいます。常に、お客さまが気楽に頼むことができる雰囲気づくりが大切です。「耳マーク」（P.77脚注参照）を店の入口やカウンター、店員・従業員の胸などに表示しておくのもよいでしょう。

　聴覚障害のあるお客さまは、手話ができる、口形（こうけい）を読める、補聴器で大きな声を聞くことができるなど、コミュニケーションの方法はさまざまです。さまざまなコミュニケーションの手段にチャレンジしてください。チャレンジすれば、伝えたいという気持ちがお客さまに通じるはずです。通じなくても、あきらめず笑顔で対応するのがポイントです。

　手話や指文字がわからないので、聴覚障害のお客さまとコミュニケーションができないと思ってはいけません。ジェスチャーや筆談など、さまざまな手段を用いて伝え合うことができます。大切なのは、相手のニーズや気持ちを理解しようとする気持ちなのです。

(3) 応接時や会計時の対応の基本

　テーブルを囲んでのやりとりでは、同時に複数の人が話さないようにします。手をあげてから話し始めるなど、次に誰が話すかがお客さまにわかるようにします。

　いつでも筆談ができるよう、紙と鉛筆は常に机に置いておきます。会計のときは、数字を紙に書いたり電卓に入れたりして、目で見てわかるように金額を伝えましょう。

参考

◎接客・接遇のポイント

・視界に入って話しかける。

・口元がはっきり見える位置に立つ。

・手元に視線を落とすときもうつむくことなく、顔はお客さまの方に向けて話す。

・表情で感情が伝わることを意識して、笑顔で話しかける。

・表情豊かに会話する。

・身振りを交えて会話する。

・早口で話さない。

・単語は「か・い・け・い」のように1語1語を区切らず、なめらかにゆっくり話す。

・いつでも筆談に応じられるよう、筆記用具やスマートフォン・タブレットなどを携帯する。

・伝わっていないときは、同じ言葉を繰り返す。

・伝わりにくいときは、言い方を変えて表現する。たとえば、「7月20日」が伝わらなかった場合、「来週の水曜日」など。

・お客さまの話している内容が聞き取れていることを伝えるために、相づちを打つ。

◎手話アプリ

　日常生活で用いる単語や会話のための手話が視聴可能なアプリです。アプリを辞書代わりにでき、表したい言葉の手話表現を学ぶこともできます。

3 お客さまとのコミュニケーション方法を考える

※解答・解説は別冊9ページ

○×クイズ

Q3 聴覚に不自由を感じているお客さまに商品の場所を案内するさいの応対として望ましいのはどれでしょうか。

1. お客さまの前を歩き、商品の置かれた陳列棚まで背中を向けて案内する。
2. お客さまの手を取って、商品の置かれた棚まで案内する。
3. 商品の置かれた場所までお連れするか、フロアマップなどに印を付けて案内する。

Hint! 聴覚障害のお客さまにとって、筆談は有効なコミュニケーション方法です。筆記具を携帯して、いつでも対応できるようにしましょう。また、読唇法（P.79参照）は、コミュニケーションの補助としても有効です。お客さまの正面に立ち、口の動きが見えるようにしましょう。

Point!! お客さまが補聴器を利用している場合は、特別に大きな声で話すのではなく、騒音のない場所を選び、お客さまの近くで普通の声の大きさでゆっくりめに、はっきり話しましょう。

お客さまに合わせたコミュニケーション

　会話がほとんど聞こえない人や雑音があると声が聞き取れない人など、聞こえにくさが1人1人違うように、得意なコミュニケーション方法も1人1人違います。お客さまの希望に合わせ、筆談、口話、身振り（ジェスチャー）、空書、スマートフォン（タブレット）など、複数の手段を用いて会話しましょう。

（1）補聴器を使用しているお客さま

　『平成28年生活のしづらさなどに関する調査』によると、コミュニケーション手段を「補聴器や人工内耳」とした聴覚障害者のうち、65歳未満が29.2%、65歳以上では20.2%です。全年代を合わせると、聴覚障害者全体のうち51.2%が補聴器や人工内耳でコミュニケーションをしています。

　補聴器は、周囲の雑音も増幅することがありますので、騒音のない場所でお客さまに近づいて話すようにしましょう。**大きな声で話しがちですが、普通の音声で話します。ゆっくりと明瞭に話すことが大切です。**また、音声だけでなく、身振りや手振り、表情を活用するよう心がけましょう。

（2）筆談のコミュニケーション

　最初に、身振りで「書いていただけますか？」と示し、了承を得たら筆談を開始します。聴覚障害のあるお客さまと、いつでも筆談ができるように備えましょう。

　筆談するときは、以下の配慮を欠かさないことが大切です。

①話したいことの要旨をまとめる —— できるだけ短い文章で簡潔に書きます。単語だけでも十分に伝わる場合もあります。

②着席での案内を提案する —— 話に時間がかかるようなケースでは、お互いに座って、落ち着いて筆談を進める配慮も必要です。

（3）読み取りやすい口形を意識する

　お客さまが読唇しやすい位置に立ちましょう。背の低いお客さまや小さな子どもには、かがんで顔が見えるようにします。一気に長い文章で話すと、読話が難しくなりますが、「こ・ん・に・ち・は」のように1語1語を区切ると読み取りにくくなります。**単語はなめらかに、文章は文節を区切って話すと口形が読み取りやすくなります。**また、複雑な内容や重要な点などは、メモを交えて確実に伝えましょう。

参考

◎**筆談のポイント**
・文章になっていない、簡単な単語でもよい。
・二重否定は避ける。
・横書きで書く。
・数字はアラビア数字で書く。
・ひらがなばかりでなく、漢字を適切に使う。
・パンフレットなどを活用する。
・難しい表現、難解な漢字・熟語は使わない。

◎**読唇のポイント**
・顔の表情を豊かにして話す。
・お客さまの目を見て話す。
・お客さまの正面に立ち、なるべく顔の近くで話す。
・逆光の位置に立たない。
・「1時・2時・7時」など、口形が同じ単語に注意する（繰り返すか、筆談やジェスチャーを加える）。

◎**無線振動呼出装置**
　順番が来たことを振動で知らせる装置です。銀行や病院など、番号札で順番を待つ場合に、お客さまを呼んでも気づかないことがあります。そこで、お客さまに無線振動呼出装置の端末を渡すことで、知らせることができます。広いフードコートなどでは、注文した食べ物を受け取りに行くタイミングを知らせるために、無線振動呼出装置を使用しています。

問題1　次の文章の（　　　）にあてはまる最も適切な語句または数字を語群より選び、その記号を記入しなさい。（語句・数字は１つにつき１回）

　18歳以上の聴覚・言語障害者は、約①（　　　）人で、18歳未満が②（　　　）人に対し、65歳以上は③（　　　）人となり、聴覚・言語障害のある人は④（　　　）に多い。70歳以上は全体の⑤（　　　）％を占める。
　聴覚障害者のなかには、発音が不自由な言語障害の人もいて、聴覚障害⑥（　　　）級と言語障害⑦（　　　）級の両方がある場合に障害⑧（　　　）級が認定される。

> ≪語群≫
>
> ア．1　　イ．2　　ウ．3　　エ．66.9　　オ．77.8　　カ．13万3,000
> キ．26万2,000　　ク．34万1,000　　ケ．2,000　　コ．5,000
> サ．若年層　　シ．高齢者層

問題2　次の①〜④の語句の説明として正しいものを選び、その記号を記入しなさい。

①　読唇法（どくしん）（　　　）　　②　空書（くうしょ）（　　　）　　③　指文字（　　　）
④　感音性難聴（　　　）　　⑤　伝音性難聴（　　　）

> ≪説明≫
>
> ア．指の形で日本語の「あ」から「ん」までの50音を表す方法であり、人名など、手話にない言葉を表現するさいに使用する。
> イ．空間に文字を書いて伝える方法であり、空間以外では、相手や自分の手のひらに文字を書いて伝える（手のひら書きする）こともできる。
> ウ．外耳（耳介・外耳）、鼓膜、中耳の障害による難聴であり、音が伝わりにくくなっただけで、音を聞くための神経には異常がない。
> エ．内耳・聴神経・脳の障害による難聴であり、音の電気信号を脳へ伝える神経がうまく働かないため、音の内容がはっきりしない。
> オ．相手の口の動きで言葉を理解する方法であり、口話や読話（こうわ）とも呼ばれる。

問題3　聴覚障害のある人への対応として<u>適切でないもの</u>を1つ選び、その記号に○を付けなさい。

ア．視界に入って話しかける。

イ．表情豊かに、身振りを交えて会話する。

ウ．「か・い・け・い」のように1語1語を区切り、口形^{こうけい}を読み取りやすくする。

エ．口元がはっきり見える位置に立つ。

オ．いつでも筆談に応じられるよう、筆記用具（スマートフォン・タブレット）を携帯する。

問題4　筆談のポイントとして<u>適切でないもの</u>を1つ選び、その記号に○を付けなさい。

ア．単語だけの表現でもよい。

イ．縦書きで書く。

ウ．数字はアラビア数字で書く。

エ．ひらがなばかりでなく、漢字を適切に使う。

オ．パンフレットを活用する。

問題5　読唇（読話）しやすい話し方として<u>適切でないもの</u>を1つ選び、その記号に○を付けなさい。

ア．顔の表情を豊かにして話す。

イ．お客さまの目を見て話す。

ウ．お客さまの側面に立つ。

エ．なるべく顔の近くで話す。

オ．逆光の位置に立たない。

ケーススタディ 1
学生の採用面接

※解答・解説は別冊19～20ページ

Q ゲーム制作会社F社の採用試験の最終面接で、耳の不自由な学生と対面の面接をすることになりました。F社で事前に準備することが、合理的配慮にかなっていると考えられるものはどれでしょうか（合理的配慮に相当する対応は1つだけとは限りません）。

① F社で手話通訳者を手配する。
② 学生に面接へは手話通訳者を同行するように勧め、手話通訳者の交通費は学生に負担を求める。
③ F社で筆談のほか、パソコンのチャットを準備する。

ケーススタディ 2
オンライン研修

※解答・解説は別冊20ページ

Q 化粧品販売会社のＧ社では、新入社員対象にオンラインでの接遇研修を実施します。受講者に耳の聞こえない人がいるので、耳の不自由な人への合理的配慮が伝わる研修にしたいと思っています。オンライン研修に加えることが望ましいと考えられる対応を、以下の①～③で、優先順位を付けて考えてみましょう。

① 画面左下に手話通訳を入れる。
② リアルタイム字幕を付ける。
③ 研修をオンラインだけでなく、対面も可能なハイブリッド式で開催する。

試着室の利用

※解答・解説は別冊20ページ

 洋服店F店の試着室で、お客さまがスーツの試着をされています。店員が試着室のカーテン越しに「いかがですか？　裾丈のお直しはございませんか？」とお声がけしても反応がありません。お客さまが試着室から出てきたタイミングで再度お声がけしたところ、「私は、耳が聞こえません」と身振りで示されました。お客さまはサイズ違いのスーツを試着したい様子です。

　試着室内にいる耳の不自由なお客さまとのかかわり方を合理的配慮の視点で考えてみましょう。

【合理的配慮を考えるためのガイド①】

　音声を聞き取ることが難しい耳の不自由な人へは、身体で感じることのできる振動や、文字による情報が有効です。

【合理的配慮を考えるためのガイド②】

　試着室の開閉がカーテンではなく、扉であった場合も考えてみましょう。

肢体に不自由を
感じる方へのサービス

1 事故やけが・病気による肢体不自由とは

○×クイズ　　　　　　　　　　　　　　　　　　　　　　※解答・解説は別冊10ページ

> **Q 1** 肢体（したい）に不自由を感じている人について正しいことはどれでしょうか。
>
> 1．車椅子を利用している人は、両手を自由に使うことができる。
> 2．2cm程度の段差でも、車椅子では越えられないことがある。
> 3．介助犬が、肢体に不自由を感じている人の生活をサポートする。

Hint!　上肢（腕・手）の運動機能障害、車椅子利用など、障害のある部位や程度はさまざまです。肢体不自由に言語障害を伴うこともあります。

Point!!　肢体不自由とは、四肢（両手・両足）や体幹（胴体）の運動機能障害のために、「歩く」「座る」「文字を書く」などの日常動作が困難な状態にあることです。

肢体不自由者についての基本知識

（1）肢体に不自由のある人の数

『平成28年生活のしづらさなどに関する調査』による肢体不自由者数は、193万1,000人です。肢体不自由のほか、視覚障害、聴覚障害、内部障害などを含む身体障害者の総数は、428万7,000人であり、身体障害のなかでは肢体不自由が最も多く、全体の45.0％を占めています。

肢体不自由には、先天的な運動機能障害のほか、事故やけが、病気などを原因とするものがありますが、近年、加齢とともに肢体に不自由を生じる人の割合が増えています。65歳以上の肢体不自由者が、131万9,000人であり、全体の約7割（68.3％）を占めています。

（2）肢体不自由者の特徴

障害の程度はさまざまですが、大きくは3つに分類できます。
・手や指を使うことが難しい上肢障害者
・立って歩くさいに不安定なため、杖・義足などの補装具を必要とする歩行困難者
・移動に車椅子を使う人

なお、車椅子を使用している人が、足が思うように動かないだけとは限りません。体幹が麻痺していたり、言語機能に障害があったりする人もいます。上肢にも不自由を感じている人は、電動式車椅子を使用することがあります。

①事故やけがによる肢体不自由

18歳以上の肢体不自由者では、交通事故や労働災害などによるものが約28万4,000人と、全体の16.1％を占めています（『平成25年版 障害者白書』より）。事故や労働災害による視覚障害は8.1％、聴覚障害は5.0％ですから、肢体不自由は、**事故やけがによる脊髄損傷を原因とする割合が高い**ことがわかります。脊髄を損傷すると、損傷部分から下には脳からの命令は届かなくなります。また、損傷部分から下の各部分からの情報も脳に届かなくなるため、体に麻痺が起こります。麻痺した部分では、運動神経も知覚神経も働かないため、動かすことも、熱さや痛さを感じることも難しくなります。

②病気による肢体不自由

肢体不自由の原因となる疾病には、脳性麻痺、脳血管障害、リウマチ、筋ジストロフィーなどがあります。

参考

◎脊髄損傷

従来、一度傷ついた脊髄は再生しないとされていましたが、近年、再生医療用ips細胞を使った治療が開始されています。

・四肢麻痺…交通事故や高いところからの転落により、頸椎を骨折することで起こります。体幹（胴体部分）を支えることも難しくなります。

◎肢体不自由の原因となる病気

・脳性麻痺…胎内から生後4週間までに、何らかの原因で受けた脳の損傷によって運動機能障害が起こるものです。てんかんや言語障害を伴うこともあります。

・脳血管障害…脳、脳出血、くも膜下出血などにより、脳の血管がつまったり、血管が破れて出血したりすることで、脳の組織が障害を受ける病気の総称です。

・リウマチ…30～50代の女性に多く発症するとされています。炎症によるつらい痛みや腫れ・変形がみられ、このうち、関節に起こるものを関節リウマチといいます。

・筋ジストロフィー…筋力が徐々に低下し、体を動かすことのほか、呼吸や食べ物を飲み込む機能にも障害が生じる遺伝性疾患の総称です。

2 車椅子の機能を知る

○×クイズ

※解答・解説は別冊10ページ

Q2 車椅子を利用している人について正しいことはどれでしょうか。

1. 車椅子を利用している人の視線は、おおよそ1mの高さである。
2. 両足に麻痺のある人が自動車を運転するさいは、「身体障害者標識」を表示することが義務づけられている。
3. 車椅子に乗った状態で使用できるエスカレーターはない。

Hint! 車椅子使用者の移動でバリアとなるものには、「段差」「目線の高さの違い」「通行幅」があります。

■車椅子対応エスカレーター

Point!! 車椅子で通行するためには、少なくとも80cm幅が必要とされています。車椅子使用者と歩行者が円滑にすれ違うためには、150cm幅を確保しましょう。

車椅子の基本的な知識

■車椅子の種類

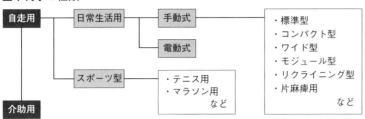

（1）自走用の車椅子

　自走用には、車椅子使用者自身が車輪の外側にあるハンドリムを回転させて移動する手動式と、モーターの力で車輪を回転させる電動式があります。そのほか、手でハンドリムを回転させる力をモーターで補助する電動アシスト車椅子があります。

①手動式車椅子

・標準型…最も多く利用されています。車輪が大きく安定感があります。

・コンパクト型…持ち運びを前提に小型化・軽量化したもので、乗り心地は標準型より劣る場合があります。

・ワイド型…体の大きな人が使用しやすいように、座面幅が標準型より広くなっています。

・モジュール型…使用者の身体に合わせて部品の角度などを調整できます。

・リクライニング型…長い時間座っていることが難しい人や、首の不安定な人に使用され、背もたれが長くなっています。

・片麻痺用…半身が麻痺した人が使えるようになっています。

②電動式車椅子

　上肢が不自由な人や力の弱い人でも操作ができるよう、コントローラー（ジョイスティック）が取り付けられています。

（2）介助用車椅子

　車椅子に乗っている人を、サポートする人が動かすものです。自走用に比べて後輪が小さいのが特徴です。介助用のハンドブレーキが付いています。

■介助用車椅子

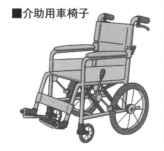

■参考

◎車椅子の大きさ

　日本産業規格（JIS）による電動式車椅子の最大寸法は、次のとおりです。

・全長：1,200mm
・全幅：700mm
・高さ：1,200mm

　標準型手動式車椅子の多くは、次のとおりです。

・全長：950〜1,100mm
・全幅：600〜700mm
・高さ：850〜950mm

◎ハンドル型電動式車椅子

　日常生活でハンドル型電動式車椅子を利用する人が増えています。三輪型と四輪型があり、日本産業規格（JIS）では車椅子の1つと位置付けられています。長距離の歩行が困難な高齢者が利用するさいは、シニアカーと呼ばれることもあります。最高速度は道路交通法で時速6kmに制限されています。

3 杖、義手・義足の機能を知る

○×クイズ

※解答・解説は別冊10ページ

Q3 杖、義手・義足について正しいものはどれでしょうか。

1. 肢体不自由者が使用する「杖」と視覚不自由者が使用する「白杖」の役割は同じである。
2. 義手・義足は、義肢装具士によって個々のニーズに沿ってオーダーメードで作られる。
3. 杖が長すぎたり短すぎたりと身体に合っていないと、歩行に悪影響を与える場合がある。

Hint! 杖の適切な長さは、（身長÷2）＋2～3cmです。屋外で使用する杖を選ぶ場合は、靴をはいた状態で測るのがよいとされています。

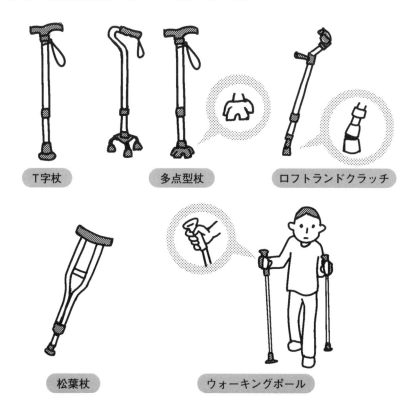

T字杖　　　多点型杖　　　ロフトランドクラッチ

松葉杖　　　ウォーキングポール

Point!! 杖を使用しての歩行は不安定なため、道路や床が滑りやすいと転倒のリスクが高まります。肢体不自由のある人以外に、けがのため一時的に杖を使用する人もいます。

杖、義手・義足の基本的な知識

（1）杖の種類

杖には、以下のようなものがあります。

■杖の種類と特徴

種類	特徴
Ｔ字杖	支柱と取っ手が「Ｔ」の形状をした杖で、最も普及しているタイプです。持ち運びが便利な折りたたみ式もあります。
多点型杖	接地する杖の先端が3～4か所に分かれた杖です。
ロフストランドクラッチ	Ｔ字杖に腕支え（カフ）を取り付けた杖で、肘のやや下が固定され、ぐらつきにくい杖です。
松葉杖	木製とアルミ合金製のものがあります。固定式と調整式があり、握る部分の高さが調整可能なものもあります。
ウォーキングポール	足や腰への負担を減らして歩行するために用いられ、転倒の予防にも役立ちます。

（2）義手・義足の種類

切断により四肢（両手・両足）の一部を欠損した場合に、元の手足の形態または機能を復元するために装着して使用する人工の手足を義肢といいます。上肢（両手）の場合は義手、下肢（両足）の場合は義足と呼ばれます。

①義手

人間の生活は、両手の操作能力に大きく依存しているため、手を失うことは、生活上の大きな障害になります。手の機能は、物の表面の微妙な感触を捉えたり、細かい仕事をしたり、重い荷物を持ち上げたりと多様です。機能を完全に代替する義手の開発は難しいですが、いろいろな義手が実用化されています。

①切断部位による分類 —— 肩義手、上腕義手、肘義手、前腕義手、手義手など

②使用目的による分類 —— 装飾用、作業用、動力式など

②義足

両足は人間の身体を支え、歩行する機能をもっています。両手のように細かい操作を要求されることはありませんが、大きな荷重に耐えることが要求されます。義足は切断端に装着され、足の機能を受け持ちます。また、身体を支え歩行するだけではなく、座ったり立ち上がったりと、さまざまな活動に対応できなければなりません。義足にもいろいろなものがあります。

①切断部位による分類 —— 下腿義足（膝から下）、大腿義足（膝から上）、股義足（股関節の機能を失った場合）など

②使用目的による分類 —— 作業用義足（外観よりも作業に主眼をおいたもの）、常用義足（生活用に機能と外観を整えたもの）など

■参考

◎義肢の歴史
エジプトで、義手や木製のかかとの義足などを付けたミイラが発掘されていることからも、義肢には長い歴史があることがわかります。義肢の歴史のなかで有名なものに、「ゲッツの鉄製義手」があります。これは、16世紀のドイツで、騎士のゲッツが、戦いで失った右手の代わりに作らせたものです。鉄製ぜんまい仕掛けの義手で、指の曲げ伸ばしはもちろん、手首を曲げることもできたといわれています。

◎日本での義肢の歴史
幕末のころから戦争で手足を失った人を中心に、義肢を利用する人が現れました。西郷隆盛の長男菊五郎が、西南戦争で右足を失いアメリカ製の義足を装着したことが記録に残されています。

◎最新の義肢
さまざまな機関で研究・開発が進んでいます。最新ロボット技術により、残された腕や足の神経や筋肉を利用し、頭で思考するだけで操作でき、指を動かして小さなものをつまむといった動作が可能な義肢も開発されています。

1 車椅子を使用している人への接客・接遇の基本

※解答・解説は別冊10～11ページ

○×クイズ

Q1 車椅子を使用している人への接客・接遇として望ましいものはどれでしょうか。

1. 介助者が同伴している場合でも、進んで車椅子を押す手伝いを申し出る。
2. 店舗・施設内に、車椅子の通行の妨げになる展示物や陳列台などがないかチェックする。
3. 車椅子を押すさい、乗っている人のつま先・肘・手などが壁やドアに当たらないように注意する。

Hint! 車椅子を使用しているお客さまの誰もが、「押してもらう」ことを望んでいるとは限りません。「車椅子を押す」お手伝いが必要か、まずは見守ることが大切です。

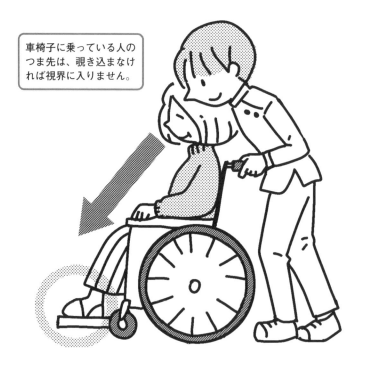

車椅子に乗っている人のつま先は、覗き込まなければ視界に入りません。

Point!! 車椅子に座っている人のつま先が、サポートする人からは見えない場合も、壁や柱などにぶつけることのないように注意して案内しましょう。

車椅子を使用するお客さまとの接し方

（1）車椅子を使用するお客さまへのファーストアプローチ

　車椅子を使用しているからといって、いきなり「何かお困りですか？」「お手伝いしましょうか？」と声をかけることは、よい接客とはいえません。困っていることも手伝ってもらうこともない場合があるからです。

　まずは、見守ることが大切です。見守っていることを伝える声かけは、「何かお手伝いできることがあれば、いつでもお申し付けください」がよいでしょう。

（2）車椅子を使用するお客さまのご案内

　お客さまが「車椅子を押してほしい」と思っていることを確認したら、まずは、「私、ご案内させていただく○○です」と自己紹介します。車椅子を使用するお客さまは、荷物ではありません。A地点からB地点まで運ぶのではなく、ご案内することを意識しましょう。そのために、**お客さまへの声かけが大切です**。

■お客さまへの声かけ

・前に進むとき……動き出す前に「前に進みます」
・後ろに下がるとき……動き出す前に「後ろに下がります」
・右に曲がるとき……曲がり出す前に「右に曲がります」

　次の動きを伝えることが、車椅子に乗っている人の安心感を生み出します。

　車椅子に乗っている人がどのくらいの速さで進むことを好むのか、初対面ではわかりません。ご案内中に「進むスピードは、今の速さで大丈夫ですか？」と確認することも大切です。

　また、車椅子を押してもらうことで遠慮がちなお客さまもいますから、「途中、何か気になることがあれば、いつでもお申し付けください」など、気持ちの和む声かけも意識してみましょう。

（3）車椅子を使用するお客さまの目線への配慮

　車椅子に座った姿勢での目線は、1m程の高さです。立っている大人からの目線は見下ろす形になるため、威圧感を感じます。声かけするさいは、少し腰をかがめるなどして、**車椅子を使用するお客さまと目線を合わせるよう配慮しましょう**。また、店内・施設内の掲示や案内表示は、立っている大人の目線を中心としています。このため、車椅子使用者には高くて見えにくいものになっていないか、随時確認することも大切です。

参考

◎入口から出口までの接客ポイント

①車椅子使用者優先のトイレやエレベーター、貸出し用車椅子の有無などを事前にホームページ等で発信する。

②車椅子を使用しているお客さまに、お手伝いが必要なさいはすぐに応対することを伝え、まずは見守る。

③車椅子のサポートを頼まれたら、車椅子使用者とコミュニケーションをとりながら案内する。

④日ごろから車椅子の通路幅を意識した施設内・店内のバリアチェックをする。

⑤車椅子に座った目線でも表示や商品が見える配置を意識する。

⑥高いまたは低い位置、奥行きが深い位置に置かれている商品にお客さまの手が届かない場合は、代わりに取って手渡しする。

⑦手が上にあがらない人、物がつかみにくい人など、お客さまの身体機能や要望に応じたサポートを提供する。

⑧車椅子を自走する人も車椅子を押す人も、両手がふさがっているため、手前に引くまたは奥に押すタイプの扉では、開閉の負担が大きい。

⑨傘をさすことができない、一度にたくさんの荷物や大きな荷物を運ぶことが難しいといった場面では、率先してサポートの申し出をする。

⑩出入口や駐車場など施設内の段差には、「段差注意」といった注意喚起のための目印を付ける。

2 車椅子の介助の 基本を知る

○×クイズ
※解答・解説は別冊11ページ

Q2 車椅子のサポートの方法で望ましいものはどれでしょうか。

1．スロープを上るときは、車椅子を進行方向後ろ向きにし、サポートする人も後ろに向かって進む。
2．段差を上るときは、車椅子と段差が垂直に接するようにしてから、前輪を持ち上げる。
3．段差を下りるときは、車椅子を後ろ向きにし、介助者も後ろ向きに進む。

Hint! 標準型の車椅子では、身体と車椅子をベルトで固定しない場合が多いので、車椅子に座っている人が前方に転がり落ちることのないようにサポートします。

キャスタの上げ方

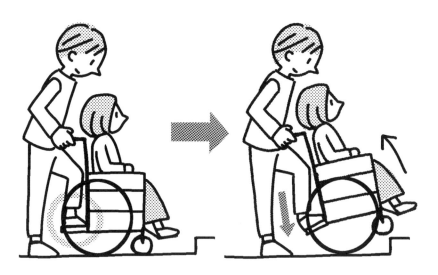

Point!! 身体をどの程度の高さの段差、どの程度の角度のスロープまで支えることができるか、知っているのは車椅子を使用する本人です。サポートする人の勝手な判断は禁物です。

車椅子を操作する場合の留意点

（1）サポートの基本

　車椅子を使用するお客さまに同行者がいる場合も、必ず、車椅子を使用するお客さま本人に向かって話しかけます。このとき、お客さまの目線の高さに合わせて会話することを忘れてはいけません。店舗・施設内に案内するさいは、前後左右に気を配り、ほかのお客さまと車椅子が接触しないように注意して進みます。車椅子に座っている人は、路面・床面の凹凸から振動を感じます。なるべく強い振動にならないように、凹凸のある場所では進むスピードを緩めたり、なめらかな路面を選んで案内したりするなどの配慮をしてください。

　車椅子で利用できるトイレの有無は、肢体不自由のある人にとって大きな関心事です。店舗・施設内にバリアフリートイレがない場合は、近隣で利用できるトイレを案内できるよう、事前に把握しておきましょう。

　サポートを頼まれたらいつでも対応できるように、正しい知識を学んでおくことが大切です。P.168～169に、車椅子の操作の基本を載せていますので、参考にしてください。

（2）車椅子でスロープを通る場合

　傾斜のきついスロープや距離の長いスロープを車椅子で進むのは大変です。高齢者、障害者等の移動等の円滑化の促進に関する法律は、スロープについて、幅120cm以上、勾配1／12以下、高さ75cm以下ごとに長さ150cm以上の踊り場の設置を基準としています。しかし、小規模施設や古い建築物には、車椅子では利用しにくい勾配のスロープが数多く存在します。車椅子は重心が高い位置にあり、スロープの勾配がきついと後ろに転倒するおそれがあるので、注意しましょう。

（3）車椅子で段差を越える場合

　段差では、車椅子のキャスタがつかえて前に進むことができなくなるので、キャスタを上げて対応します。キャスタを上げるときは、お客さまが車椅子のシートに深く腰かけているかどうかを確認します。溝を越えるときも、「キャスタ上げ」の状態で越えるようにします。**車椅子の操作や自分に合ったサポート方法を一番よく知っているのは、車椅子使用者本人です。**このことを忘れずに対応してください。

参考

◎建物の勾配

　勾配1／12とは、長さ12mごとに高さが1m上がることを意味し、傾斜角は4.5°です。

◎スロープの下り方

　スロープの傾斜がきつい場合は、車椅子に乗った人が進行方向に背を向けるようにし、サポートする人は後ろ向きに下ります。車椅子に乗っている人が、前方に転がり落ちないようにするためです。

◎キャスタの下ろし方

①キャスタを下げる前に、「下げます」と声をかけます。

＊砂浜や砂利道では、キャスタを浮かし、車椅子を傾けた状態で進むことがあります。

②ティッピングレバーを踏みながら、ゆっくり静かに下ろします。

3 階段・エレベーターを使うとき

○×クイズ　　　　　　　　　　　　　　　　　※解答・解説は別冊11ページ

Q3　車椅子を使用しているお客さまの案内で正しいものはどれでしょうか。

1．車椅子の乗り降りのさいは、必ずブレーキがかかっていることを確認する。
2．車椅子のフットサポート（足先を乗せる台）を踏み込みながら乗り降りするように案内する。
3．案内の途中でハンドルから手を離すさいは、必ずブレーキがかかっていることを確認する。

Hint!　車椅子の接地面は車輪のため、傾斜のある場所では下り方向に向かって動き出してしまいます。

Point!!　混雑している場所で車椅子に人がぶつかると、停止位置から動いてしまうことがあります。ハンドルから手を離すさいは、ブレーキをかけましょう。

階段・エレベーターでの安全な誘導方法

(1) 階段の上り下り

　エレベーターが使用できない場合は、お客さまを車椅子ごと持ち上げて階段の上り下りをします。

　電動式車椅子は本体の重量だけで30kgを超え、ハンドル付きでは100kgを超える場合もあります。このため、手動式車椅子では4人、電動式車椅子では6人の介助者が必要となります。ワンタッチで各部品が外れるようになっている車椅子もありますので、持ち上げる前に、車椅子使用者にサポートする人が持つ箇所を確認することを忘れないようにしましょう。

　階段を上がるときは、お客さまが進行方向を向くようにし、下りるときは、進行方向に背を向けるように持ち上げます。下り方向にシートの背もたれが来るので、転落を防ぐことができるからです。

(2) エレベーターの乗り降り

　車椅子のキャスタ（小さい車輪）が建物とエレベーターの隙間にはまって立ち往生したり、車椅子に乗っている人が閉まる扉に挟まったりしないよう気をつけます。

　エレベーターの乗り降りでは、キャスタを隙間に挟まないために、後ろ向きに進むことが基本とされています。しかし、キャスタが挟まる心配のない建物や、開延長ボタンが付いているエレベーターなどでは、進行方向前向きにエレベーターに乗り込んでも問題ありません。

　エレベーターに付いている車椅子マークのボタンを押すと、一般のボタンを押したときより扉の開閉時間が10秒程度長くなります。また、エレベーターの壁に鏡が設置されているのは、車椅子を自走する人が壁を向いたままでも、何階のボタンが押されているのか、何階に止まっているのか、鏡越しに確認することを想定しています。

　エレベーターの仕様、大きさ、建物との隙間などの状況に応じ、臨機応変に対応しましょう。

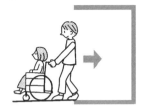

4 杖を使用している人への接客・接遇の基本

※解答・解説は別冊11ページ

○×クイズ

Q4　杖を使用しているお客さまへの配慮として望ましいものはどれでしょうか。

1. 歩くスピードは、杖を使って歩行する人のペースに合わせる。
2. 雨などで床面が濡れている場合は、こまめに水滴を拭き取る。
3. 杖を持っている側に立って案内する。

Hint! 杖を使っての歩行は、不安定です。お客さまが転倒しないように、手や肩を貸すなどのサポートをしましょう。

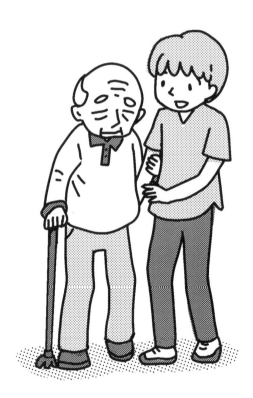

Point!! 麻痺がある場合は、麻痺のある側に転倒する可能性が高いので、サポートする人は、お客さまの麻痺のある側に立つようにします。

杖を使用するお客さまとの接し方

（1）杖を使っての歩行を理解する

　下肢の痛みや体の片側に麻痺（麻痺側）のある人は、身体を支えたり歩行のバランスをとったりするために、杖を使います。長い距離の移動で車椅子を使う場合も、店内で商品を選んだり、施設内で手続きをしたりするさいは、車椅子を降り、杖での歩行に切り変えるお客さまもいます。杖を持つお客さまが、転倒することなく安全に店舗・施設を利用できるよう、「見守る」ことを心がけます。

　杖を使用する人は、杖を持っていない側の手で手すりや椅子につかまりながら歩くこともあります。しかし、近くに身体を支えるものがないときは、店員や職員が手や肩を貸したり、杖歩行する人の腰に手を添えたりするなどして、歩行のサポートをしましょう。**歩行のサポートでは、杖を持っていない側に立つのが原則です。**麻痺側のある人は、麻痺のない側（健側）で杖を持って歩行します。転倒のリスクが高いのは麻痺側ですから、杖を持っていない側で案内していれば、お客さまがつまずいたとき、すぐに体を支えることができます。

　杖を使っているお客さまにとって、階段やエスカレーターは転倒のリスクが高い箇所です。お客さまが階段やエスカレーターを利用するさいは、サポートの必要があるか声をかけて確認します。サポートを求められたら、1段下の位置でお客さまの身体を支えられるように案内しましょう。

（2）お客さまの安全に配慮する

　歩行介助では、杖を使っている人の歩くスピードに合わせます。また、店内・施設内での転倒が起きないように、環境の整備に配慮しましょう。

①駐車場　——入口付近に優先駐車場を設けます。路面に凹凸がある場合は、注意喚起の目印を付けます。

②出入口　——足拭きマットによれがない状態を維持します。雨天時は、床面が水滴で滑りやすくなるので注意します（水滴を拭き取る、「水濡れ注意」「足元注意」など注意喚起の表示を設置します）。

③階段　——手すりを両側に設置します。

④記帳台　——杖ホルダーを設置します。

⑤椅子　——立ち上がりやすい肘掛け付きの椅子を配置します。エレベーター内や廊下などに配置します。

◎パーキングパーミット制度

　優先駐車場が設置されていても、一般の人が利用しているため、必要とする人が使えないことがあります。この不便を解決するために、2006年、佐賀県が始めた制度です。この制度では「歩行が困難な人」として身体に障害のある人をはじめ、高齢者や妊産婦、難病のある人などを対象に、県が県内共通の利用証を交付し、必要な人に駐車スペースを確保するしくみです。パーキングパーミット制度は、全国の自治体に広がっており、2022年には41府県1市で実施されているほか、制度実施自治体間による利用証相互利用も可能になっています。

◎階段の手すり

　建築基準法には、階段の片側に手すりを設置することとされています。しかし、手すりが片方にしかない階段は、片麻痺のある人には利用できない場合があります。両側に手すりを設置するのが望ましいといえるでしょう。

◎杖ホルダー

　T字杖などは、テーブルや壁に立てかけても倒れてしまうことがあります。杖ホルダーは、杖だけでなく、傘を仮置きすることにも役立ちます。テーブル面に滑り止めシートを貼り付けて代用することもできます。杖ホルダーのない箇所でお客さまが両手を使う場面では、杖をお預かりする声かけも意識してください。

問題1 次の文章の（　　　）にあてはまる最も適切な語句を語群より選び、その記号を記入しなさい。（語句は1つにつき1回）

　四肢や体幹に①（　　　）障害がある人を肢体<ruby>不自由者<rt>したい</rt></ruby>という。

　障害の程度はさまざまであるが、手や指を使うことが難しい②（　　　）障害者、立って歩くことはできるが不安定で③（　　　）などの補装具を必要とする歩行困難な人、移動に車椅子を使う人の3つに分類できる。

　車椅子を使用しているからといって、足だけが悪いとはかぎらず、身体のさまざまな機能が④（　　　）している場合もあり、上肢にも障害がある人は、⑤（　　　）を使用する。また、肢体不自由に⑥（　　　）に障害を伴うこともある。肢体不自由の原因には、先天的な疾患によるもののほか、事故やけがによる⑦（　　　）を原因とするもの、リウマチや⑧（　　　）など後天的な疾患によるものがある。

　近年、⑨（　　　）とともに肢体に不自由を生じる人の割合が増えており、65歳以上の肢体不自由者の割合が肢体不自由者全体の⑩（　　　）を占めている。

> 《語群》
>
> ア．手動式車椅子　　イ．電動式車椅子　　ウ．<ruby>麻痺<rt>まひ</rt></ruby>　　エ．筋ジストロフィー
> オ．言語機能　　カ．運動機能　　キ．加齢　　ク．義足　　ケ．上肢
> コ．下肢　　サ．<ruby>脊髄<rt>せきずい</rt></ruby>損傷　　シ．5割　　ス．7割

問題2 標準型手動式車椅子の寸法について、（　　　）にあてはまる数値を選び、その記号を記入しなさい。（語句は1つにつき1回）

①全長（　　　）mm以下

②全幅（　　　）mm以下

③全高（　　　）mm以下

> 《語群》
>
> ア．850〜950mm　　イ．950〜1,100mm　　ウ．600〜700mm

問題3　　車椅子介助の留意点として<u>適切でないもの</u>を１つ選び、その記号に○を付けなさい。

ア．車椅子を利用するお客さまの目線の高さは、おおよそ１ｍであることを意識して陳列・掲示・接客する。

イ．棚の奥や高いところにある商品は、お客さまの代わりに取って手渡す。

ウ．車椅子を停止して待っていただく間は、必ずブレーキをかける。

エ．車椅子ごと持ち上げて階段の上り下りをする場合、階段を下りるときは、お客さまが進行方向を向くようにし、上がるときは進行方向に背を向けるようにする。

オ．エレベーターの乗り降りでは、後ろ向きに進むことが基本とされているが、キャスタが挟まる心配のない建物や、開延長ボタンが付いているエレベーターなどでは、進行方向前向きにエレベーターに乗り込んでも問題ない。

問題4　　次の文章の（　　　）にあてはまる最も適切な語句を語群より選び、その記号を記入しなさい。（語句は１つにつき１回）

　杖を使って歩行する人を案内するときは、お客さまが杖を①（　　　　　）側に立つのが原則である。

　杖を使っているお客さまにとって、階段や②（　　　　　）は転倒のリスクが高い箇所である。階段のサポートでは、案内する人がお客さまの③（　　　）の位置を進む。

　杖を使っての歩行は不安定のため、お客さまの④（　　　　　）がないように案内する。Ｔ字杖など立てかけておくだけでは倒れてしまう不便を解消するため、カウンターに⑤（　　　）を設置するなどの配慮をする。

> ≪語群≫
>
> ア．１段上　　イ．１段下　　ウ．持っている　　エ．持っていない
>
> オ．エレベーター　　カ．杖ホルダー　　キ．エスカレーター
>
> ク．転倒

優先駐車場

※解答・解説は別冊21ページ

Q パソコンの修理を行うS店に、車椅子を利用されているお客さまからの電話がありました。「明日、2時に1人でパソコンの修理に行きたいのだけど、S店には車椅子優先駐車場がありますか?」とのお問い合わせです。S店の駐車場には車椅子優先駐車場がありません。合理的配慮を加えた対応はどれでしょうか(合理的配慮に相当する対応は1つだけとは限りません)。

① 「あいにくS店には、車椅子優先駐車場はありません。どなたか、お客さまの車の乗り降りを介助できる人と一緒に来店してください」とお願いする。

② 「優先駐車場はありません。お客さまの車の乗り降りをお手伝いできるスタッフもおりませんので、パソコンだけ誰かに託してS店にお持ち込みいただけませんか」とお伺いする。

③ 「優先駐車場はございませんが、運転席側の扉が完全に開くスペースを確保してお待ちいたします。明日、2時のご来店をお待ちいたしております」とお伝えする。

ケーススタディ **2**

入口の消毒液

※解答・解説は別冊21ページ

Q　食料品店Iストアでは、店舗入り口に手指の消毒液を設置しています。しかし、この消毒液はペダルを踏むと噴霧されるペダル式であるため、車椅子を自走するお客さまからは、「使いたくても使えない」との声が寄せられています。Iストアですぐにできる合理的配慮はどれでしょうか（合理的配慮に相当する対応は1つだけとは限りません）。

① 車椅子を使用している人は消毒液を使わなくてもお買回りいただけることを、店内アナウンスで周知する。
② ペダル式の消毒液の横に、ポンプ式の消毒液も設置する。
③ ペダル式の消毒液を設置した場所に、「サービスカウンターにポンプ式の消毒液のご用意があります」と表示する。

レストランでの食事

※解答・解説は別冊21ページ

Q Jホテルの朝食会場に、ご家族と一緒に車椅子を使っているお客さまがいらっしゃいました。朝食はブッフェ形式で提供しています。昨夜からの宿泊が多く、今日の朝食会場は大変込み合っています。車椅子を使用するお客さまにも、ご家族と一緒に食事を楽しんでいただくための合理的配慮を加えた対応を考えてみましょう。

合理的配慮を考えるためのガイド①

車椅子を使用しての食事で不便と感じることを考えてみましょう。

合理的配慮を考えるためのガイド②

車椅子を使用する人と一緒にいらしたご家族にも、配慮が伝わる対応を考えてみましょう。

Part

5

高齢者・認知症のある
方へのサービス

高齢とは

※解答・解説は別冊11〜12ページ

○×クイズ

Q1 高齢者について当てはまることは何でしょうか。

1. 高齢になると、誰もが経験から学んだことや得た知識を忘れてしまう。
2. 65歳以上になっても、心身ともに健康な高齢者が増えている。
3. 高齢化率は、今後も上がり続けることが見込まれている。

Hint! 総人口に占める高齢者の割合が増加することが高齢化であり、高齢化率は、総人口に占める65歳以上人口の割合です。

Point!! 経験や学習によって得た知能（結晶性知能）は、高齢になっても維持されるといわれています。

高齢者についての基本知識

(1)高齢者に関するデータ

　総人口に占める65歳以上の人口が7.0％を超えると高齢化社会、14.0を超えると高齢社会と呼ばれます。高齢化社会から高齢社会に至るまでに、フランスは126年、ドイツは40年を要したのに対し、日本はわずか24年で推移しました。

　2021年には、日本の高齢者は3,640万人となり、総人口に占める割合は29.1％と世界で最も高く、次いで、イタリア23.6％、ポルトガル23.1％、フィンランド23.0％の順です。

　また、国連人口基金（UNFPA）の『世界人口白書2022』には、日本人の平均寿命が男女とも世界第1位、女性8歳、男性82歳と示されています。

　一方、厚生労働省による日本の合計特殊出生率（一人の女性が一生のうちに産む子供の数の指標）は、2021年では1.30と6年連続で前の年を下回っています。出生率の低下により日本の総人口は減少を続け、2065年には9,000万人を割り込むと推計されています。総人口が減少するなか高齢者が増加することで、今後も高齢化率は上昇を続け、2065年には高齢者の割合が38％台に達すると見込まれています。

(2)高齢者のとらえ方

　およそ60年前（1962年）の平均寿命は、男性66.23歳、女性71.16歳でした。現代の75歳は20年前の65歳と同程度の体力があるとするデータや、65歳以上を高齢者とすることへの否定的な意見もあることから、日本老年学会と日本老年医学会は、65〜74歳を「准高齢者」、75〜89歳を「高齢者」、90歳上を「超高齢者」とする区分を提唱しています。

　60歳以上の人を対象とした令和2年度「第9回高齢者の生活と意識に関する国際比較調査」によると、日常生活を送るうえで「まったく不自由なく過ごせる」と回答した人が、日本74.5％、アメリカ76.8％、ドイツ73.7％、スウェーデン81.9％です。この結果は、世界保健機構（WHO）が発表した「世界保健統計2022年」に、日本の男女平均の健康寿命が74.1歳（男性72.6歳、女性75.5歳）とする結果にも裏付けられます。

　加齢により、誰もが身体機能の低下は免れませんが、言語能力、理解力、洞察力といった能力（結晶性知能）は、高齢になっても維持されるといわれています。

2 高齢者の暮らしを考える

○×クイズ

※解答・解説は別冊12ページ

Q2 高齢者について当てはまることはどれでしょうか。

1. 味覚が低下し、甘みや塩味を感じにくくなる。
2. 嗅覚が低下し、古くなった食べ物をにおいで判断することができにくくなる。
3. 言葉がスムーズに出てこなくなり、無口になる。

Hint! 加齢とともに、視覚、聴覚、味覚、嗅覚、触覚といった機能が変化します。本人に自覚症状がなくても、機能低下が進行していることもあります。

Point !! 見えにくさ・聞こえにくさがあることに気づいたときも、お客さまの自尊心を傷つけない対応をすることが大切です。

高齢者への配慮

　高齢になると、「思うように体が動かない」「足腰に痛みを感じる」「小さな文字が見えない」「話している言葉が聞き取れない」などの不便を感じることがあります。また、こうした身体状況から、イライラしやすい、集中力が維持しにくい、不安になりやすいといった精神面の変化が生じることもあります。

　何に不便を感じているのか、外見から判断することは難しいのですが、75歳以上では9割を超える人に白内障の見え方があること、年齢が高くなるほど老人性難聴のある人が多くなることを意識して対応してください。不便に感じていることに気づいた場合も、「目が見えにくいのですね」「耳が聞こえにくいですか？」といった身体機能の低下を強調する声かけは、**高齢者の自尊心を傷つけることがありますので、注意してください。**

■高齢者の心と身体の状態

変化の起こる部分		変化の例
生活面・精神面		・トイレが近くなる。 ・疲れやすくなる。 ・歯が弱くなり、食べ物を咀嚼（そしゃく）しにくくなる。 ・記憶力や判断力の低下から、決断に時間がかかる。 ・依存心が出てくる。 ・身体的な不自由さから、不平や不満を訴えやすくなる。
機能面	視覚	・老眼や白内障などにより、小さな表示や案内表示が見えにくくなる。 ・水晶体の黄色化により、茶系色や近似色（青と緑など）が識別しにくくなる。 ・動いているものを正しく認識できなくなる。 ・目の調整力が衰え、見え方全般に困難が出てくる。
	聴覚	・話しが聞き取りにくくなる。 ・高い音を中心に音の聞こえが悪くなる（女性の高い声より、男性の低い声のほうが聞き取りやすい）。
	味覚	・味を感じにくくなり、濃い味を好むようになる。
	嗅覚	・ガス漏れなどのにおいに気づかなくなる。
	運動機能・その他の感覚	・骨が弱くなったり、関節の動きが悪くなったり、筋力が衰え、足腰が弱くなる。 ・筋力やバランス力の低下により、動きが緩慢になる。 ・少しの凹凸（おうとつ）でもつまずきやすくなる。 ・平衡感覚が鈍くなり、よろめきやすくなったり、長時間立っていることが難しくなる。 ・指先の動きが鈍くなり、財布から小銭を取り出すなどの動作が遅くなる。 ・熱い・冷たいの感覚が鈍くなり、やけどなどの危険が増す。

参考

◎高齢者が店舗・施設で困ること

①老眼や白内障のため、値札や成分表示が読みにくい。商品の色の違いがよくわからない。

②指先の感覚が低下するため、小銭が扱いにくい。液晶画面の操作ボタンを押した感覚がよくわからない。

③両腕を高く上げる動作がしにくいため、高い位置に置かれた商品が取れない。

④歩行力が低下し、長い距離を歩いたり、速く歩いたりすることができない。

⑤筋力低下のため、大きな商品や重たい荷物を運ぶことでの負担が大きい。

⑥聴力低下のため、スタッフの話している言葉が聞き取れないことがある。

⑦思っているほど足を上げることができていないため、段差につまずくことがある。

⑧一度に複数の物事を処理するのが難しいため、持ち物や買った商品を忘れることがある。

⑨思うように体が動かないため、とっさの危険に対応できず、人や物にぶつかったり、転倒したりすることがある。

⑩トイレに行く回数が増えるため、長距離の移動や長い待ち時間を不安に感じる。

◎自尊心を傷つけない対応

　高齢者にとって40〜50代は子ども、20〜30代は孫のような世代です。年長者としてのプライドを傷つけることのないよう、敬意をもって接してください。

3 コミュニケーション方法の基本を知る

○×クイズ

※解答・解説は別冊12ページ

Q3 高齢のお客さまがお困りの様子に気づいたときの対応として望ましいものはどれでしょうか。

1．「よろしければ、お手伝いしましょうか？」と声をかける。
2．「大変そうですね。手伝ってあげましょうか」と申し出る。
3．「私でお手伝いできることがあれば、お申し付けください」と声をかける。

Hint! 年齢や見た目から「困っている」と判断されることに、違和感をもったり、自尊心を傷つけられたと感じたりする人もいます。

Point!! 身体機能が低下していても、たくさんの経験や出来事から得た知識が豊富であることへの敬意が感じられる対応を心がけましょう。

高齢のお客さまへの接遇

（1）デジタル機器の案内

近年、金融機関の手続き、飲食店の注文、切符の購入など、お客さま自身で液晶画面を操作する場面が増えています。しかし、高齢のお客さまのなかには、今までスマートフォンやパソコンに触れる機会が少なかったために、デジタル機器の操作を苦手と感じる人が少なくありません。操作に困っている様子を見かけたら、進んで案内の声かけをしましょう。

苦手と感じることやできないと感じていることを手伝ってもらうのは、誰にとってもありがたい行為です。しかし、「手伝ってあげる」という印象を与える対応は、相手の自尊心を傷つけることがあります。

また、高齢者をステレオタイプでとらえ、「○○の操作はできないだろう」などと、お客さまの能力を勝手に決めつけることのないようにしてください。どんなに親切心からの申し出であったとしても、「あなたにはできないだろうから、私が手伝ってあげる」という印象を与えた場合、相手の自尊心を傷つけてしまうからです。

操作の案内には、スタッフの対応にひと手間を要しますが、スタッフが「面倒だな」と感じながら対応していると、その気持ちはお客さまに伝わります。

（2）高齢者への声かけ

80歳を過ぎても、SNSを駆使して情報を発信し続ける人、スポーツの全国大会出場をめざして日々トレーニングを重ねている人、仕事の経験を活かして後進の指導に当たる人など、高齢者の身体機能や能力は多様です。**見た目や年齢だけで年寄り扱いされることに、違和感をもつ人もいます。**

三世代で来店したお客さまに声かけするさい、スタッフが高齢のお客さまを「おじいちゃん、おばあちゃん」と呼ぶことのないよう、注意しましょう。家族以外からそうした呼ばれ方をしたくない人が増えています。

■高齢者がコミュニケーションに感じる不便

- ・説明に外来語やカタカナが多すぎて意味がわからない。
- ・店員・従業員に最後まで話を聞いてもらえない。
- ・ぼそぼそと小さな声で話されると聞き取れない。
- ・早口で話されると理解できない。
- ・周囲の雑音のなかから必要な音声を聞き取ることができない。

用語解説

◎ステレオタイプ

多くの人に浸透している固定的なイメージのことです。「日本人は几帳面で勤勉」とする類型化がありますが、すべての日本人が几帳面なわけではありません。

参考

◎高齢のお客さまへの対応

① 高齢者に敬意をもって接する。

② 高齢者の身体機能は、個々人により大きく異なることを意識する。

③ 高齢者の対応に時間がかかっても、「面倒」ととらえるのではなく、「必要」と意識して接客をする。

④ あいさつや声かけは、礼儀正しいことを心がける。

⑤ できなくて困っていることに気づいても、できないことを強調せず、さりげない対応をする。

⑥ 老人性難聴で聞き取りにくい人には、ゆっくりと低めの声で会話する。

⑦ お客さまの求めているものは何か、聞き役になり、話を最後まで聞く。

⑧ 早口や外来語などを多用せず、日常的な言葉を選んで説明する。

⑨ 金銭の受渡しで勘違いが生じないように、代金やおつりは声に出して確認する。

⑩ 会計に時間がかかっていても、あせらせないように対応する。後ろに並んだお客さまにも、目線を送り、お待たせしていることへの配慮を伝える。

4 迎え入れと案内の基本を知る

○×クイズ

※解答・解説は別冊12ページ

Q 4 杖を使用している高齢のお客さまへの案内として適しているものはどれでしょうか。

1. お客さまの歩くスピードに合わせて案内する。
2. 手続きのため待っていただく場合は「座ってお待ちください」と案内する。
3. 施設内の移動には、車椅子の利用を勧める。

Hint! お客さまが望まない場合は、気を利かせたつもりの案内が「ありがた迷惑」になります。

Point!! 何を不便と感じるのかを一番よく知っているのは、お客さま本人です。どのような手伝いを必要としているかわからないときは、必ず本人に確認しましょう。

店舗・施設での案内の基本

(1)待ち時間の案内

　カウンターの対応で、スタッフが「手続きをいたしますので、ソファに座ってお待ちください」と声かけしているのを耳にすることがあります。高齢者は座ったほうが楽だろうとする親切心からの声かけなのかもしれませんが、たとえば、**杖を使っているからといって、座ったほうが楽とは限りません**。膝や腰に痛みがあり、座ったり立ち上がったりすることに負担を感じる人もいます。座ったほうが楽なのか、立って待っているほうが楽なのか、また、どのくらいの待ち時間であれば座って待とうと思うのか、接客する側にはわからないのですから、確認することが大切です。

　「○○のお手続きに３分ほどかかりますが、座ってお待ちになりますか？」と聞くことで、お客さまの好む待ち方を自分で選んでもらうことができます。

(2)移動中の案内

　歩行が不安定であっても、手や肩を貸してほしいと思っているとは限りません。**時間はかかるけれど、自分でできることは自分でするというのも、自尊心の現れです。**

　貸出し用の車椅子がある場合でも、「車椅子をご利用になりますか」との声かけに違和感をもつ人もいます。「お疲れのさいは、お貸出し用の車椅子をお持ちしますので、いつでもお申し付けください」というように、使用するかしないか、使用するタイミングをいつにするかの判断はお客さま本人に任せます。

　移動の案内で一番気をつけたいのは、お客さまの転倒防止です。

■転倒防止のためのポイント

・高齢のお客さまの歩くスピードに合わせて案内する。
・足元の段差や凹凸のある位置にお客さま本人の目線を向けるよう、手のひら等で合図を送る。
・段差や階段の縁に滑り止めを付ける。
・凹凸のある個所には目印（ステッカーやテープ）を付ける。
・階段やエスカレーターでは、１段下、いつでも身体を支えられる位置で案内する。
・杖を持っていない側を歩いて案内する。
・段差や障害物を越えるためにサポートが必要な場合は、片手をお客さまの腰に当て、もう一方の手でお客さまの手を持って案内する。

参考

◎**身体機能の低下**

　高齢者の書く文字・数字が記入欄の枠内からはみ出しているのは、雑だからではなく、枠が見えていないからの場合があります。また、呼ばれてもすぐに立ち上がらないのは、長い時間同じ姿勢でいたために、すぐには身体が思うように動かないからということもあります。若い年代の身体能力を基準に高齢者の行動を当てはめることで、誤解が生じるのです。

◎**商品説明と会計**

　一度に多くの情報を伝えるのではなく、説明のところどころで、そこまでの内容を了解いただけているか、確認しながら説明します。重要事項は太めの文字でメモ書きして渡すとよいでしょう。説明書や地図の拡大印刷を用意したり、ほかの紙に大きく書き直したりしたものを示すことも有効です。会計のさいは、お客さまが、財布から小銭を取り出したり、紙幣の枚数を数えていたりする途中で「レジ袋は必要ですか？」といった声かけをすると、作業を中断させてしまうばかりか、最初から数え直すことになってしまいます。お客さまの１つ１つの作業が完了したタイミングで声かけをするようにします。

1 認知症とは

○×クイズ　　　　　　　　　　　　　　　　　　　　　　※解答・解説は別冊12〜13ページ

Q 1　認知症の症状と思われる行動の変化はどれでしょうか。

1．夕食を食べたことは覚えているが、味噌汁を飲んだか飲まなかったかが思い出せない。
2．真夏に冬物のセーターなど、季節に合わない服装をする。
3．財布や自宅に必要以上の小銭が保管されている。

Hint!　年齢を問わず誰にでもある物忘れは、体験の一部を忘れることです。認知症の記憶障害は、体験した全体を忘れることが特徴です。

Point !!　部屋に入った途端、「何をしに来たのか思い出せない」のは、誰にでもある物忘れです。しかし、「なぜここにいるかがわからない」ようになると、認知症が疑われます。

認知症についての基本知識

(1)認知症のある人の数

　令和元年に取りまとめられた「認知症施策推進大綱」では、2012年の認知症の人の数を約462万人、軽度認知障害（MCI）の人を約400万人と推計し、認知症の人と認知症予備軍とされる人を含めた割合を、65歳以上の約4人に1人と推計しています。また、2017年の「認知症施策推進総合戦略（新オレンジプラン）2017年7月改訂版」では、認知症高齢者の数を2025年には約700万人、65歳以上の約5人に1人に達すると見込んでいます。

　認知症を発症する人の数は、年齢とともに増加します。認知症施策推進のための有識者会議は、年齢別の有病率を、70代後半には7〜8人に1人、80代前半には約5人に1人、80代後半には約5人に2人としています。

(2)認知症の原因疾患

　風邪が病名ではなく、ウイルスに感染することで鼻やのどに炎症が生じる症状をいうように、**認知症も病名ではありません**。認知症は、認知症を引き起こす病気により、日常生活や対人関係に支障がある（おおよそ6か月以上継続している）状態のことをいいます。

　認知症を引き起こす病気のうち、最も多いのは、「アルツハイマー型認知症」で、認知症のある人全体の67.6%です。次いで、「脳血管性認知症」19.5%、「レビー小体型認知症」4.3%、「前頭側頭型変性症」1.0%となっています。

　認知症の症状は、原因疾患によって特徴があるとされ、アルツハイマー型認知症では、比較的早い段階から記憶障害、見当識障害が現れることがあります。

　脳梗塞、脳卒中などが原因の脳血管性認知症では、脳が損傷を受けた部位によって症状が異なりますが、判断力や理解力が低下する思考障害、計画していたことが思っていたとおりにできない実行機能障害、そのほか、思うように話せなくなる失語がみられることがあります。

　レビー小体型認知症は、パーキンソン症状（手足の震えや小刻みな歩行）や幻視が代表的な症状とされています。

　認知症は、予防や症状の緩和、進行を抑えることもできるため、**早期発見・早期治療が大切**です。

■用語解説

◎軽度認知障害（MCI）

　日常生活は可能であるものの、記憶能力などが低下しているため、複雑な手続きなどには人の手伝いを要する状態です。MCIの状態から、約半数は5年以内に認知症になるとされています。しかし、MCIの状態から、もとの健康な状態に回復することもあります。日本では、65歳以上の高齢者の約13%がMCIの状態とする推計もあります。

■参考

◎認知症による知的能力の低下

・記憶障害…新しいことを覚えられなくなるため、何度も同じことを聞いたり話したりする。

・見当識障害…今がいつで、ここがどこかがわからなくなるため、約束の時間を守れなかったり、道に迷ったりすることがある。

・言語障害…言葉が出てこないため、「あれ」「それ」といった表現が増えるほか、相手の話を理解できない、言おうとしても言葉が出てこない（失語）症状がみられる。

・実行機能障害…手順や段取りがわからなくなるため、洗濯機を操作したり、食事を作ることが難しくなったりする。

・判断力・理解力の低下…手続きや預金の入出金ができなくなったり、「ちょっと待ってください」といった表現の「ちょっと」の理解ができなくなったりする。

2 認知症のある人への接客・接遇の基本

※解答・解説は別冊13ページ

○×クイズ

Q2 認知症症状のあるお客さまへの会計時の対応として適しているものはどれでしょうか。

1. おつりを正しく渡したのに、あとになって「足りなかった」と言われたときは、すぐに「足りないはずはありません」ときっぱり伝える。
2. 450円を支払うのに、どの硬貨を何枚出せばよいか困っている様子に気づいたら、「100円玉4枚と50円玉1枚はありますか」と声をかける。
3. 450円を支払うのに、お客さまが財布を広げて「ここから取って」という場合は、財布の小銭入れから代わりに取り出す。

Hint! おつりを受け取ったあと、どこにしまったかの記憶がないため、「受け取っていない」「足りなかった」との訴えが増えています。

Point!! お客さまの記憶力の低下がある場合も、丁寧で親切な対応を心がけましょう。その場で受けた感情の記憶は残ります。よい接客をすることが、お客さまからの信頼を得ることにつながります。

認知症のあるお客さまに接するときの基本

（1）認知症のある人への理解

　記憶障害により、会話の内容や状況は忘れても、そのときに受けた感情の記憶は残るとされています。認知症のある人は、自分が変わっていくことへの自覚がないと誤解されることがありますが、約束していた日時を忘れた失敗や、得意だった料理がおいしく作れなかったと出来事から、**自分自身の変化に気づいているといわれています**。そのため、「この先、自分はどうなっていくのか」を心配し、不安に感じています。こうした不安から自分を守るための心理が、「物盗られ妄想」です。

　近年、認知症のある人の数が増加し、積立金を解約したこと、会計をした場面、商品を受け取ったあとの行動が記憶にないため、「積み立てておいたお金を誰かが勝手に引き出した」「おつりをごまかされた」「3つ買ったのに2つしか入っていなかった」といった申し出が増えています。

　正確に対応したスタッフが、こうした物言いを「ひどい言いがかり」と感じる気持ちは理解できます。しかし、**認知症のある人は、自分の行動に記憶がなく、あるはずのお金や商品が足りないと思って困っているのです。**

（2）認知症のある人への対応

　忘れ物をして、「テーブルの上にスマートフォンを忘れたのですが、ありますか？」と電話で問い合わせたとします。店の人がすぐに「ありません」と答えたら、探すのが面倒だから、嘘を言っているのではないかと感じるのではないでしょうか。忘れ物の問合せには、「見つかるといいな」という期待と「探してほしい」という要求が含まれているように、認知症のある人の言葉にも、期待と要求が含まれていると考えてみてください。**認知症があっても、相手の表情から感情を読み取る能力は低下しないとされています。**

　対応するスタッフが、「正確におつりをお渡ししました」と伝えるだけでは、期待にも要求にも応えていない対応といえるだけでなく、お客さまに敵対する印象を与えてしまいます。

　「おつりの不足でお困りですね。すぐに確認します」と笑顔で応え、**認知症のあるお客さまが困っていることを一緒に解決しようとする姿勢と、お客さまの味方である印象が伝わるように対応してください。**

参考

◎認知症による行動・心理症状

・物盗られ妄想…貴重品などを別の場所にしまったことが記憶にないため、「誰かが盗った」ことにして、自分の責任を回避する思考が働く。

・幻覚・幻聴…あるはずのないものが見えたり、していない音が聞こえたりする。

・妄想…ありえないことを固く信じ込む。

・抑うつ…気分が落ち込み、身の回りのへの興味を失う。認知症のうつは、無関心が多いとされている。

◎認知症のある人の感情

　失敗が何であったかは忘れても、そのとき「怒られて悲しかった」という感情は記憶に残ります。一方、感情を抑えることが難しくなり、急に怒り出したり、怒りがなかなか収まらなくなったりします。

◎認知症のある人への対応の基本

・驚かせない

・急がせない

・自尊心を傷つけない

◎対応の7つのポイント

①まずは見守る。

②余裕をもって対応する。

③いきなり複数の人で対応するのではなく、まずは1人で声をかける。

④後ろから声をかけない。

⑤相手に目線を合わせて、やさしい口調で話す。

⑥おだやかに、はっきりした口調で会話する。

⑦相手の言葉に耳を傾けて、ゆっくり対応する。

3 認知症のある人との コミュニケーション

○×クイズ ※解答・解説は別冊13ページ

Q3 認知症のある人が、一緒に来た人とはぐれてしまい、今いる場所がどこかわからなくなって困っているときの声かけに適しているのはどれでしょうか。

1. どこから来ましたか？　先ほどまでは、誰とご一緒でしたか？
2. 一緒に来たのはご家族ですか？　ご友人ですか？
3. お連れさまを探したいのですが、お客さまのお名前を教えていただけますか？

Hint! 認知症の初期から見当識障害（日時や場所がわからなくなること）が生じますが、初期では自分の名前や家族構成は把握しています。

Point!! 認知症が進むと、通いなれた場所への行き帰りで迷子になったり、自宅のトイレがどこにあるのかがわからなくなったりします。

認知症のある方とのコミュニケーションの基本

(1)思い込みを解消する対応

　厚生労働省の調査では、認知症のある人の約15％に「被害妄想」がみられるとされています。「物盗られ妄想」も、認知症初期からみられる被害妄想の1つです。そのほか、「見捨てられ妄想」「嫉妬妄想」「迫害妄想」など、妄想したことを事実と思い込むことがあります。こうした妄想は、認知症のある人の不安感や悲しみ、疎外感や寂しさによって現れるとされています。妄想により、認知症のある人がつじつまの合わない話をしている場合にも否定せず、共感の姿勢で話を聞き、思い込みや関心を、違う方向に導く会話で対応します。

　たとえば、春ではないのにお客さまが「桜が見ごろなので、お花見用にお弁当を10個ください」と言っている場合、「○○公園の桜は有名ですよね。でも、まだ外は寒いので、お客さまが風邪をひかないか心配です」と対応し、いったん購入の時期を考え直す時間を設けます。感情のコントロールが難しいため、店内で大きな声で怒り続ける認知症のお客さには、ゆっくり話を聞くことを伝え、「応接室にご案内します」と声をかけます。場所を変えて話を聞くことは、認知症のある人が執着していた考えや気分をリセットすることに有効です。

(2)認知症のある人への質問形式

　認知症のある人が、答えやすい質問は、「クローズド・クエスチョン」です。クローズド・クエスチョンとは、質問を受けた側が「はい」か「いいえ」で答えられる、あるいは、「Aですか？　Bですか？」と、相手に答えを選択してもらう質問形式です。一方、認知症のある人からの回答が得にくいのは、「何ですか？」「どこですか？」「なぜですか？」といった、「オープン・クエスチョン」といわれる質問形式です。

　たとえば、認知症の人が家族と食事をしている途中、1人で化粧室に席を立ったあと、帰る場所がわからなくなって困っているときの対応です。ここがどこかわからず困っている様子に気づいたら、まず、「ここは○○です」と店名や施設名を伝えます。次に、「ご家族をお探しですか？」「レストランをお探しですか？」「お食事の途中でしたか？」「お名前をお伺いしてもよいですか？」のように、お客さまの**答えやすい質問形式を意識して、対応に必要な情報を聞き出すようにしましょう。**

参考

◎**認知症による妄想**
・被害妄想…「お金を盗られた」「自分の悪口を言っている」という思い込み。
・見捨てられ妄想…自分は家族の邪魔だから、見捨てられたという思い込み。
・嫉妬妄想…配偶者が浮気をしたという思い込み。
・迫害妄想…「家族から虐待を受けている」など、誰かが自分に危害を加えようとしているという思い込み。

◎**接遇の4つのポイント**
①目元が笑っている笑顔
　安心感を与える表情と話し方を意識しましょう。
②共感の姿勢
　訴えを否定することなく、話を合わせます。また、話を最後まで聞きます。
③子ども扱いしない
　知的能力が低下しているからといって、小さな子どもに話しかけるような口調は禁物です。
④無理強いしない
　相手が拒否していることを強制することのないよう、注意しましょう。

◎**若年性認知症**
　64歳以下の人の認知症を「若年性認知症」と呼びます。厚生労働省の調査によると、若年性認知症数は全国で3.57万人、18〜64歳人口の10万人当たり50.9人とされています。アルツハイマー型認知症が最も多く52.6％、次いで、脳血管性認知症17.1％、前頭側頭型認知症9.4％、外傷による認知症4.2％となっています。

※解答・解説は別冊22ページ

問題1　次の文章の（　　　）にあてはまる最も適切な語句または数字を語群より選び、その記号を記入しなさい。（語句・数字は１つにつき１回）

　世界保健機関（WHO）は、①（　　　）歳以上を高齢者と定義しており、高齢化率が７％を超えた状態を②（　　　）、14％を超えた状態を③（　　　）と呼ぶ。

　総人口に占める高齢者の割合が７％から14％に至るまでに、フランスは126年、ドイツは④（　　　）年を要したのに対し、日本はわずか⑤（　　　）年で推移した。

　2021年、日本の高齢者は約3,640万人、総人口に占める高齢者の割合は⑥（　　　）％と、世界で最も高い。

　加齢により誰しも身体機能の低下は免れないが、⑦（　　　）、理解力、洞察力といった⑧（　　　）は高齢になっても維持される。一方、迅速な事物の処理、⑨（　　　）、想定外の出来事に対応する⑩（　　　）は60歳以降大きく低下する。

> ≪語群≫
>
> ア．言語能力　　イ．24　　　ウ．29.1　　　エ．40　　　オ．65
>
> カ．高い　　　キ．低い　　　ク．老年人口　　　ケ．生産年齢人口
>
> コ．暗算・暗記　　サ．高齢社会　　シ．高齢化社会　　ス．流動性知能
>
> セ．結晶性知能

問題2　高齢者の特徴として<u>適切でないもの</u>を１つ選び、その記号に○を付けなさい。

ア．75歳以上では、９割を超える人に白内障の見え方がある。

イ．老人性難聴では、男性の低い声より女性の高い声が聞き取りやすくなる。

ウ．一度に複数の物事を処理するのが難しいため、忘れ物が増える。

エ．筋力低下のため、大きな商品や重い荷物を運ぶことでの負担が大きい。

オ．指先の感覚が低下するため、小銭などが扱いにくくなる。

問題3　　認知症についての記述に<u>誤りがあるもの</u>を1つ選び、その記号に○を付けなさい。

ア．認知症は病名である。

イ．軽度認知障害からは、健康な状態に回復することもある。

ウ．認知症のある人は、自分自身の変化に気づいている。

エ．認知症があっても、相手の表情から感情を読み取る能力は低下しない。

オ．新しいことを覚えられなくなり、何度も同じことを聞いたり話したりする。

問題4　　次の①〜④の語句の説明として正しいものを選び、その記号を記入しなさい。

①　オープン・クエスチョン（　　　　）

②　クローズド・クエスチョン（　　　　）

③　言語障害（　　　　）

④　見当識障害（　　　　）

≪説明≫

ア．「何ですか？」「どこですか？」「なぜですか？」といった、相手が自由に考えて答える質問形式

イ．言葉が出てこないため「あれ」「それ」といった表現が増えたり、相手の話を理解できない・言おうとしても言葉が出てこなかったりする障害

ウ．質問を受けた側が「はい」か「いいえ」で答えられる、あるいは、「Aですか？　Bですか？」と相手に答えを選択してもらう質問形式

エ．今の季節がいつか、今いる場所がどこかがわからなくなる障害

ケーススタディ **1**
週末の店内

※解答・解説は別冊22ページ

 子ども服とおもちゃが人気のM店は、週末はお客さまが多く、日曜日の今日も、店内が込み合っています。

孫へのプレゼントを買いに来た高齢の女性のお客さまが、選んだ商品を持ってレジに来ました。担当の平野さんが代金を受け取り、商品を渡そうとしたところ、お客さまが、「このお店には20年も前から来ているのだけど、当時は、子ども服をよく買わせていただいたわ。あのころは、家族5人で住んでいたから家もにぎやかで。ところで、あなたの家族は何人？　お子さんはいらっしゃるの？」との話が続いています。

平野さんの対応として、望ましいのはどれでしょうか。

① 「はい、はい」と適当に相づちを打ちながら話を聞き、会計の順番を待っているまわりのお客さまの様子をうかがう。
② 「私の家族は4人です」「子どもは2人います」と誠実に答え、会話を続ける。
③ 「たくさんお話を伺えるといいのですが、あいにく、本日は店内が大変込み合っておりまして、その時間がございません。ぜひ、次回ご来店のさいに、お話の続きをお聞かせください。楽しみにしています」と会話の終了を促す。

—— ケーススタディ **2** ——
持込みお断り

※解答・解説は別冊22〜23ページ

 　Nホテルのカフェで、高齢のご夫婦のお客さまが、紅茶とコーヒーを注文なさいました。店員の早川さんが飲み物を運ぶと、お客さまはバックから和菓子を取り出して、注文した飲み物と一緒に召し上がりはじめました。

　早川さんが、「当店では、お持込み商品のお召上りはお断りいたしております」とお伝えしたところ、「こちらのホテルには、家族のお祝い事のたびに来ておりましたのに、がっかりしました」と肩を落とされました。

　持込みのお客さまへの早川さんの対応として、最もよいと思われるものはどれでしょうか。

① 　お客さまのプライドを損なうことのないように配慮し、持ち込んだ商品を召し上がっていても、見て見ぬ振りをする。

② 　お客さまのプライドを損なうことのないように配慮し、持込み商品は召し上がっていただけない理由を、言葉を選んで納得いただけるように説明する。

③ 　持込み商品をこのまま召し上がれるようにするため、お客さまの事情を詳しく伺う。

レジに並ぶお客さま

※解答・解説は別冊23ページ

Q 　ドラッグストアのＯ店で、山中さんがレジを担当していると、高齢のお客さまの順番になりました。買い上げ金額を伝えたのですが、お客さまは、財布からポイントカードとお金を取り出すのに時間がかかっています。

　山中さんは、そのお客さまの後ろに並んで待っているほかのお客さまが、イライラしている様子が気になりました。

　山中さんの対応として、望ましいのはどれでしょうか。

① 　お客さまから財布を受け取り、確認していただきながらポイントカードとお金を取り出し、ポイントカードとおつりを財布に直接入れてお返しする。

② 　後ろに並んで待っているお客さまに気を配りながら、そのまま高齢のお客さまのペースに合わせて対応する。

③ 　高齢のお客さまには、「ゆっくりで大丈夫です」と笑顔でやさしく対応し、高齢のお客さまの対応が終わり、次のお客さまの順番になったときは、第一声に「お待たせいたしました」と伝える。

お客さまに応じた
サービス

妍娠中のお客さま・小さな お子さま連れのお客さま

○×クイズ

※解答・解説は別冊13～14ページ

Q 1 妊婦やベビーカーに赤ちゃんを乗せているお客さまが施設・店舗で不便に感じること はどれでしょうか。

1. 優先エレベーターがあっても、しばらく待たなければ利用できないことがある。
2. 女性用化粧室内だけに赤ちゃんのおむつ交換台が設置されている。
3. 店頭で買った商品の配送サービスが利用できる。

Hint! 妊婦が重い物を持つと、腹圧がかかりお腹が張ることがあります。また、妊娠中に分 泌されるホルモンのため、妊娠前より腰痛や筋肉痛を起こしやすくなっています。

Point!! 妊娠中は、ホルモンバランスの変化から、体調だけでなく心理面にも変化が みられます。感情の浮き沈みが大きくなったり、不安を強く感じやすくなっ たりすることがあります。

妊娠中・小さなお子様連れのお客さまへの配慮

(1) 妊娠中のお客さまへの配慮

　妊娠5週ごろから15週ごろの間に、つわりを経験する人が約8割といわれています。吐き気や嘔吐を感じていたり、以前は気にならなかったにおいが苦手になったりすることがあります。そして、こうしたつらさを周囲の人にわかってもらえないもどかしさを感じています。

　妊娠後期になると、足元が見えにくくなり、2～3cmの段差で転倒することがあります。また、しゃがむ動作もとりにくくなり、床に落ちたものを拾ったり、低い位置に陳列された商品を取ったりしにくいと感じています。**重たい物を持ち上げたり、長い時間立っていたりするのは、妊婦にとって負荷の高い動作です。**

■妊婦への配慮の事例

商品	・重たい物は代わりに運ぶ。 ・配送サービスを案内する。
会計	・座って順番を待ったり、会計できたりする椅子を配置する。
レストラン	・妊婦が食べてはいけないとされる「生もの」「アルコール飲料」を含むメニューでは、食材や調理法を変更して提供する。
トイレ	・個室内に立ち上がりのための手すりを設置する。

(2) 小さなお子さま連れのお客さまへの配慮

　近年、小さな子ども連れの人が利用するトイレやベビーカー、優先エレベーター、乗り物内には優先スペースを設ける取組みが進んでいます。しかし、こうした設備があっても、おむつ交換台が女性用トイレにしかないため男性には利用できないことがあります。また、優先エレベーターや優先スペースが先に利用している人で埋まっているため、使えないといったことがあります。電車の優先席では、あとから乗ってきた高齢者に席を譲るよう、優先エレベーター・優先スペースでは、ベビーカーを使用する人を優先するよう、協力しましょう。

■小さなお子さま連れのお客さまへの配慮の事例

商品	・大きな物やかさばる物は代わりに運ぶ。
レストラン	・個室の予約を受ける。 ・ソファ席に案内する。
トイレ	・男性用トイレにもおむつ交換台を設置する。
階段	・たたんだベビーカーの持ち運びを手伝う。
扉	・内開き、外開き、タッチ式自動扉の開閉を手伝う。

参考

◎マタニティーマーク

　妊婦が身に着けることで、周囲が配慮の必要性に気づきやすくするものです。また、このマークを掲示する施設が、妊婦にやさしい環境づくりを推進していることを表します。

◎ベビーカーマーク

　公共交通機関・公共施設などのエレベーターや車両内に示さています。このマークのある場所は、電車やバスの中でも、ベビーカーを折りたたまずに使うことができるスペースを意味します。周囲の人や施設側が、ベビーカー使用者に対してベビーカーを折りたたむよう求めることは、混雑時も含めて「原則なし」としています。

2 外国人のお客さま

※解答・解説は別冊14ページ

○×クイズ

Q2 外国人のお客さまへの対応として望ましいものはどれでしょうか。

1. まず、笑顔で「Hello」と声をかける。
2. まずは、日本語で「いらっしゃいませ」と声をかけ、お客さまからの返答を待つ。
3. ピクトグラムを表示したり、多言語表記の案内を備えたりする。

Hint! ピクトグラムは、言語の違いによる制約を受けることなく、直感で理解することのできる視覚記号です。

Point!! タトゥーと入れ墨を同一視したとらえ方があるように、文化の違いから生じる誤解があります。日本の文化や習慣を伝えると同時に他国の文化を尊重することも大切です。

外国人のお客さまへの配慮

（1）ファーストアプローチの方法

　外見や名前から国籍を判断したり、日本語が母国語でないと決めつけたりしないようにしましょう。両親のどちらかが外国籍でも、その子どもは日本国籍ということも少なくありません。そのため、名字がカタカナであっても、日本語が母国語でないとは限りません。また、外国籍であっても、長く日本に住んでいるため、日本語での会話に不便を感じていない人もいます。

　お客さまの母国語や日常で使う言語がわからない場合、まずは日本語で話しかけるようにします。

（2）マナー・ルールの違い

　「ブッフェ台からテーブルに持ってきた料理を食べきれず、残して立ち去る外国人観光客に困っている」「大浴場で、かけ湯することなく湯船につかる外国人のお客さまを、注意するように言われた」といった話を耳にすることがあります。しかし、料理を残すことをマナーとする文化もあります。お腹がいっぱいになったら、無理に食べることなく、持ち帰ることが当たり前ということもあります。また、日本では多くの人が毎日風呂に入りますが、海外ではシャワーを基本とするなど習慣の違いもあります。

　それぞれの国で文化や習慣が異なるのですから、まずは、日本の文化、習慣を伝えることが大切です。

■外国人のお客さまへの配慮の事例

会話	・互いに母国語で会話する翻訳ツールを活用する。 ※世界で多く使用される言語の1位は英語、2位は中国語、3位はスペイン語です。外国人との会話＝英語ではありません。
案内・表示	・多言語表記で案内する。 ・ピクトグラムを活用する。
レストラン	・ハラルフード…イスラム教で食べることが許可されている食品・料理。豚、アルコールなどは禁止。 ・ヒンドゥー教…肉食を避ける人が多い。 ・ヴィーガン…動物性由来のものを一切口にしない。
浴場	入浴の入り方の手順を表示する。
駅	・駅ナンバリングを表示する。 ※日本語のわからない人にも利用しやすくするため、路線記号と駅番号を駅ごとに付与したものです。

参考

◎訪日外国人旅行者数

　順調に伸びていた海外からの旅行者数は、2019年には3,188万人でしたが、コロナウイルス感染症対策としての入国制限により、2020年・2021年は大きく減少しています。しかし、日本政府は、2030年の訪日外国人数の目標6,000万人を、継続して明言しています。

◎在留外国人数

　在留外国人数は、2020年は約288万人と、コロナ禍前に比べ、1.6％減少しました。2021年の外国人在留者の国籍（出身地）は、人数の多い順に、中国26.4％、ベトナム15.9％、韓国14.7％、フィリピン9.8％、ブラジル7.3％となっています。

◎翻訳アプリ

・Google翻訳…テキストで入力した108言語間で翻訳が可能なほか、カメラを向けるだけで画像内のテキストを瞬時に翻訳したり、2か国語間での会話をその場で翻訳したりすることができます。

・VoiceTra®…31言語に対応する音声翻訳アプリです。日本語で入力した言葉を翻訳したい言語にするだけでなく、翻訳された言葉をもう一度日本語に翻訳しなおしてくれるので、翻訳結果が正しいかを確認しながら会話できることが特徴です。

3 性の多様性と LGBTQ＋のお客さま

○×クイズ

※解答・解説は別冊14ページ

Q3 多様な性を尊重するための法整備について正しい記述はどれでしょうか。

1. 日本では法律で同性婚が認められている。
2. 日本では戸籍の性別を変更することを認める法律がある。
3. 世界では30以上の国・地域で同性間の婚姻を可能とする法整備がされている。

Hint! 日本でも、同性同士、トランスジェンダーのカップルを「結婚に相当する関係」と認め、証明書を発行するパートナーシップ宣誓制度を導入する自治体が増えています。

Point!! ユニバーサルサービスの接客の基本は、多数者（マジョリティー）が少数者（マイノリティー）に不利な環境をつくることがないよう意識し、少数者への配慮を欠かさないことです。

性の多様性への理解

(1) ジェンダーとは

　性別が生まれたときの身体的特徴から戸籍に記載されるのに対し、**ジェンダーは「生物学的な性別に対して、社会的につくられた性別**（独立行政法人国際協力機構）」とされています。

　「男の子は泣いちゃいけない」「女のくせに生意気だ」といった言葉は、社会によってつくり上げられた「男性像」「女性像」に基づく思い込みによって生まれます。

　人は誰でも、自分の属してきた環境から無意識の思い込みや偏見（アンコンシャスバイアス）をもっています（P.17脚注参照）。それぞれの価値観は自由でよいのですが、自分の価値観をまわりの人に押し付けていないかを省みることは大切です。

　まずは、自分自身の中にあるアンコンシャスバイアスに気づくことから始めましょう。

(2) ダイバーシティとは

　ダイバーシティは多様性を意味し、年齢・性別・人種・価値観など、1人1人の違いや異なる性質を尊重し、違いを受容する社会・環境・組織を築くこととされています。

　近年、ダイバーシティ＆インクルージョン（多様性の包摂）への取組みが進められています。少数派を排除するのではなく、互いを認め合い、違いを活かすことにより生産性を高め、組織の活性化をめざすものです。

(3) 性的少数者（マイノリティー）とは

　電通ダイバーシティ・ラボの「LGBTQ＋調査2020」は、生まれたときに割り当てられた性と性自認が一致していることに加え、性的指向が異性である人以外をLGBTQ＋としています。本調査は、LGBTQ＋を自認している人の割合を日本の全人口の8.9％、11人に1人とし、10人に1人とされる左利きの人の割合とほぼ同じであることにも注目しています。

　こうした背景を受け、ダイバーシティ推進の一環として、LGBTフレンドリー（LGBTQ＋の人に対して開かれた状態）を意識した組織づくりに取り組む企業が増えてきています。また、LGBTQ＋を理解し、支援する人「Ally」を増やす取組みも、LGBTQ＋の人への支援の一環と考えられています。

4 同性カップル・トランスジェンダーのお客さま

○×クイズ ※解答・解説は別冊14ページ

Q 4 ジェンダーの多様性に配慮した取組みとして進められていることはどれでしょうか。

1. スカート・スラックス・リボン・ネクタイなどを自由に組み合わせることができるジェンダーレス制服を採用する。
2. 男女が同じデザインのジェンダーレス水着を採用する。
3. 男女別の更衣室を廃止し、ジェンダーレス更衣室を設置する。

Hint! ジェンダーレスは、男女の文化的、社会的な区別や性差の境界線をなくしていこうとする考え方です。

Point!! ジェンダーフリーは、性別によって定められた社会的属性や機会、「看護は女性、大工は男性の仕事」といった固定観念を取り払っていこうとする考え方です。

同性カップル・トランスジェンダーのお客さまへの理解

（1）レズビアン・ゲイの人への配慮

　近年、多様な性への理解は広がっていますが、同性を恋愛対象とする人は、当事者でない人からの差別や偏見に苦しんでいます。男性同士で手をつないでいるのを見て、「あの2人、ホモみたい」と表現するのを耳にしたことはありませんか？「レズ」「ホモ」は当事者にとって不快な表現であるため、差別的表現とされています。相手を傷つける言葉は、使わないでください。また、同性のパートナー間では、配偶者であれば当然受けられる控除や相続における特例が認められないなど、社会生活での不利益も生じています。

■レズビアン・ゲイのお客さまへの配慮の事例

商品の案内	・プレゼントを選んでいる人に安易に「彼女（彼氏）へのプレゼントですか？」といった表現をしない。
客室	・「男性2名1部屋のご予約ですので、ツインのお部屋でご案内させていただきます」などと、勝手に決めつけない。
施設	・利用・入場の家族割引やカップル割が使えるようにする。

（2）トランスジェンダー・クエスチョニングの人への配慮

　温浴施設がある場所では、お客さまの浴衣を準備するため、お客さまに「男性何名、女性何名ですか？」と聞くことがあります。しかし、この質問では、トランスジェンダーやクエスチョニングの人は困ってしまうかもしれません。浴衣を準備することが目的なのですから、「紺色の浴衣と赤色の浴衣でそれぞれMサイズ、Lサイズとございますが、何枚ずつご用意いたしますか？」と聞くほうがよいでしょう。そのほか、男女別のデザインへの違和感をなくすための取組みに、オールジェンダーの水着を採用する学校も出てきています。

　また、申込書や申請書の性別欄が「女性」「男性」しかない場合も困ることがあります。「回答しない」など、第三の選択肢を設けることも必要です。

（3）アウティングの防止

　LGBTQ＋の人の性的指向・性自認は、きわめて取り扱いに慎重を期する事柄です。**本人の許可なく、他人にSOGIを知らしめる行為をアウティングといいます。**「あの人は実は女性なんだよ」など、本人のいないところで噂することも慎むようにしましょう。

参考

◎**性的少数者に関する取組み**

　国内主要100社へのアンケート結果（朝日新聞社調査）
・差別禁止の明文化…84社
・社内研修の実施…81社
・相談窓口の設置…75社
・同性パートナーにも配偶者と同じ福利厚生を一部またはすべて適用…51社

◎**更衣室への配慮**

　トランスジェンダーの人も違和感なく使用できる更衣室の設置が課題となっています。男女別の更衣室に加え、利用者の性別を問わない個室更衣室を設けることが有効とされています。

◎**オールジェンダートイレ**

　新国立競技場には、性別に関係なく利用できるオールジェンダートイレが設置されています。飛行機の男女共用トイレは、トランスジェンダーの人も違和感なく利用できます。

◎**レインボーフラッグ**

　赤、橙、黄、緑、藍、紫の6色の旗は、LGBTの尊厳と社会運動を象徴するものです。また、企業がこの6色のレインボーロゴを用いて、LGBTQ＋へのサポートを表明する動きも広がっています。

◎**SOGIハラスメント**

　2020年に施行された労働施策総合推進法のパワーハラスメント防止措置の指針に、「SOGIハラおよび望まぬ暴露であるアウティングも含まれる」と追記されました。

5 知的障害のあるお客さま

○×クイズ　　　　　　　　　　　　　　　　　　　　　　※解答・解説は別冊14ページ

Q5 知的障害のある人が不便に感じていることはどれでしょうか。

1. 1人で買い物に行くことができない。
2. 駅・バス停の名称や行先表示の漢字が読めないことがある。
3. 困っていても人に聞けなかったり、何に困っているかをうまく言葉にして伝えられなかったりすることがある。

Hint! 手続きや商品の説明が理解できなかったり、思いを言葉にすることに時間がかかったりするため、コミュニケーションがうまくとれないことがあります。

Point!! 上手に話せなかったり、説明が理解できていなかったりする場合でも、子ども扱いするのではなく、その人の年齢に合った対応をしましょう。

知的障害の基本知識

（1）知的障害とは

　『令和4年版 障害者白書』によると、知的障害者（知的障害児を含む）は、109万4,000人、人口千人当たり9人の割合とされています。在宅の知的障害者96万2,000人の年齢別の内訳は、18歳未満（知的障害児）21万4,000人（22.2％）、18歳以上65歳未満58万人（60.3％）、65歳以上14万9,000人（15.5％）です。身体障害者と比べると18歳未満の割合が高いほか、65歳以上の割合が低いことが特徴です。

　知的障害は、18歳までに何らかの原因で、知的能力や社会生活への適応能力が低下した状態をいいます。そのため、大人になってからの知的能力の低下は知的障害に含まれません。

　知的障害の診断は、知的機能と適応行動の両面から行われ、症状の程度により、「最重度（IQ19以下）」「重度（IQ20〜30）」「中等度（IQ36〜49）、「軽度（IQ50〜70）」の4段階に分けられます。

（2）知的障害の原因

　原因が特定できないことも多いとされていますが、原因が解明されているものに、染色体異常や感染症（風疹、梅毒）など胎児期に起こる知的障害があります。そのほか、事故や出産時の酸素不足、脳の発達に不適切な環境（虐待・栄養不良）など、出生後に起こる知的障害があります。

（3）知的障害のある人への対応

　知的障害のある人は、説明や案内表示が理解できなかったり、相手の気持ちを察したり、自分の意思を伝えることが苦手だったりします。しかし、**知的障害は外見ではわからないことがあるため、困っていても気づいてもらえないことがあります。**

■知的障害のある人への配慮のポイント

> ・わかりやすい言葉を選び、短い文章でゆっくり丁寧にやさしく話す。
> ・「はい」か「いいえ」で答えられる問いかけをする。
> ・「少し待ってください」ではなく、「5分待ってください」と具体的に伝える。
> ・コミュニケーション支援ボードを用いて会話する。
> ・本人の年齢に応じた対応をする。

　コミュニケーション支援ボードは、絵を指差しながら会話ができるツールです。知的障害のある人だけでなく、聴覚障害のある人・日本語表記を理解するのが難しい人など、幅広く意思の疎通に役立てることができます（P.31参照）。

参考

◎染色体異常の疾患

・ダウン症…国立成育医療研究センターの調査（2019）は、ダウン症の赤ちゃんの出生数を年間2,200人前後、7年間（2010〜2016年）で大きく増減することなく、ほぼ横ばいとしています。筋肉の緊張度が低く、知的発達に遅れがあります。

・アンジェルマン症候群…重い知的障害があります。言葉が話せなかったり、てんかんを伴ったりすることがあります。

◎境界知能

　IQ71〜85未満は、知的障害と正常域の間のため、グレーゾーンと呼ばれることもあります。境界知能の人口割合は、14％（7人に1人）とされていますが、何かしらの支援が必要なことは、周囲の人に気づいてもらえないことが多いとされています。そのため、覚えられないことや指示を聞き取れないことで困っていても、周囲の人からは「やる気が足りない」「頑張る気がない」「さぼっている」と誤解されてしまうことがあります。

■コミュニケーション支援ボード

※出典：公益財団法人交通エコロジー・モビリティ財団

6 精神障害のあるお客さま

○×クイズ

※解答・解説は別冊15ページ

Q6 精神障害のあるお客さまへの対応として望ましくないものはどれでしょうか。

1. 商品説明の途中で疲れた様子のときは、「もう少し頑張って聞いてください」と励ます。
2. 手続きや申し込み方法などを、フローチャートを使って案内する。
3. 予約の時間に来店しないことが続いたときは、「時間どおり来ていただかないと困ります」ときっぱり伝える。

Hint! 接客する側の立場だけでなく、お客さまの要望を引き出すコミュニケーションが、ユニバーサルサービスの接客の基本です。

Point!! 精神障害のある人に、気分の落ち込みや意欲の低下、認知機能や自尊心の低下がみられることがあります。

精神障害の基本知識

（1）精神障害とは

　『令和4年版 障害者白書』によると、精神障害者は、419万3,000人、人口千人当たり33人の割合です。ただしこの数は、医療機関を利用した精神疾患のある人の数であるため、日常生活や社会生活での制限が継続的ではない人も含まれる可能性があるとしています。日本では、精神障害のある人の数が増加傾向にあり、2002年の223万9,000人から2017年の389万1,000人と15年間で約1.7倍に増えています。2017年の年齢別の内訳は、25歳未満38万5,000人（9.9％）、25歳以上65歳未満206万人（52.9％）、65歳以上144万7,000人（37.2％）です。

　精神障害は、何らかの脳の機能障害により、「元気が出ない、罪悪感、不安など」の気分低下や「集中力が続かない、対人関係を回避するなど」の意欲低下、「眠れない、倦怠感、体重減少など」の生命力低下といった精神症状、身体症状、行動の変化がみられる状態です。

（2）精神障害の原因疾患

　外因性、内因性、心因性の3つに分類されます。

①外因性 ── 感染症や頭部外傷など、脳の損傷による病気

②内因性 ── うつ病や統合失調症など、脳の機能異常による病気

③心因性 ── 適応障害やPTSDなど、不幸な出来事やストレスによる病気

　一生のうち約5人に1人の割合で精神疾患にかかるといわれています。障害を特別視することなく対応しましょう。

（3）精神障害のある人への対応

　原因となる疾患により、精神障害のある人の困り事も異なりますが、**心身が健康な状態にないことを意識して対応してください**。

■精神障害のある人への配慮のポイント

・疲れている様子のときは、案内の途中に休憩を設ける。
・フローチャートなど、視覚で理解できるものを活用する。
・「頑張って」ではなく、その人の頑張りを認める言葉をかける。
・困っている様子のときは、「何かお困りですか？」と声をかける。「困っていない」と言われたら、そっと見守る。
・穏やかな声、やさしい口調で話しかける。

用語解説

◎うつ病

　100人に約6人がかかる病気との調査結果があります。気持ちの強い落ち込みや、疲れやすさなどにより、日常生活に大きな支障が生じている状態です。

◎統合失調症

　100人に1人がかかるともいわれる病気です。幻覚・妄想があったり、疲れやすく集中力が保てなかったりします。

◎適応障害

　学校や職場、家族間の人間関係から受ける強いストレスにより、憂鬱な気分や不安を強く感じ、社会生活に支障が生じている状態です。

◎PTSD（心的外傷ストレス障害）

　命の危険や強い恐怖を体験したことが原因で、悪夢を見たり、不安・緊張が高まったり、現実感がなくなったりする状態です。

参考

◎障害者手帳の種類

・療育手帳…知的障害のある人が交付対象です。
・精神障害者保健福祉手帳…精神障害により長期にわたり日常生活、社会生活への制約のある人が交付対象です。手帳の申請には精神障害の初診日から6か月以上が経過していることのほか、2年ごとの更新手続きが必要です。
・身体障害者手帳…視覚障害、聴覚障害、肢体不自由、内部障害（P.149参照）のある人に交付されます。

7 発達障害のあるお客さま

○×クイズ　　　　　　　　　　　　　　　　　　　　　　　※解答・解説は別冊15ページ

Q7 発達障害のある人が苦手に感じていることはどれでしょうか。

1. 聴覚過敏のためさまざまな音が耳に入ってしまうため、混雑している場所やにぎやかな店を苦手と感じる。
2. 知的能力の低下はないのに、文字の読み書きを苦手と感じる。
3. 相手の目を見て話すことは苦手だが、表情から感情を読み取ることは苦手ではない。

Hint! 発達障害の症状は障害ごとで異なりますが、対人関係を築くことやコミュニケーション、特定の領域の学習、じっとしていることが苦手なことがあります。

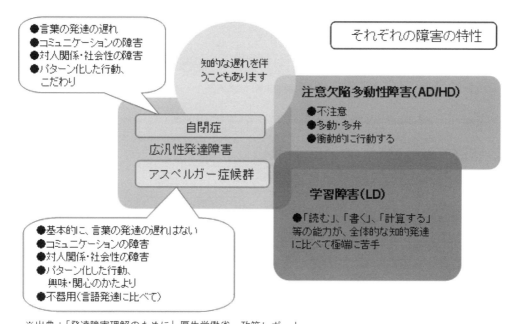

※出典：「発達障害理解のために」厚生労働省　政策レポート

Point!! 発達障害のある人は、知的障害を伴う人、知的な遅れのない人、特定の領域で高い才能を示す人など、知的能力もさまざまです。

発達障害の基本知識

(1) 発達障害とは

『平成28年生活のしづらさなどによる調査』は、医師から発達障害と診断された人の数を48万1,000人と推計しています。また、文部科学省の調査（2022年）では、全国の公立小中学校の通常学級において、学習や対人関係で著しい困難を抱える児童生徒の割合を8.8%、35人学級では3人の割合としています。

博報堂こそだて家族研究所とLITALICOの0〜22歳までを対象とした調査（2020年）では、グレーゾーン（発達障害の傾向がある）の人の数を138万人（約13人に1人）と推計しています。

発達障害者支援法は、発達障害を自閉症、アスペルガー症候群などの広汎性発達障害、学習障害、注意欠陥多動性障害など、脳機能の障害としています。

発達障害は、障害ごとの特徴がそれぞれ少しずつ重なり合っている場合も多く、障害の種類を明確に分けて診断することは大変難しいとされています。

(2) 発達障害のある人への対応

学習障害のある人が、手続きのため訪れた窓口で、「文字の読み書きが苦手なので、代わりに書いてもらえませんか？」と頼んだところ、スタッフから、「言葉を話せるのに、読み書きができないわけがない」と言われ、手続きをあきらめたという話があります。**そんな人はいるはずがないという勝手な思い込みや決めつけが、意図せぬ排除をつくり出してしまうのです。**

■発達障害のある人への配慮のポイント

・大勢の人声や大きな音、急な予定の変更で困っている・パニックになっている場合は、静かな場所や個室（カームダウン室・クールダウン室）に案内する。
・じっとしていられない子どもがすべて「親のしつけが悪い」と決めつけず、保護者に「何かお手伝いできることがあればお申し付けください」と声をかける。
・深刻な話をしているのに、ニコニコして聞いているからふざけていると決めつけず、深刻な内容であることを説明する。
・約束の時間に遅れてくることが続いたときは、注意するのでなく、この次はどうすればよいかを一緒に考える。
・読み書きが困難な人には、代読・代筆のほか、タブレットやスマートフォンの読上げ機能を使って案内する。
・一度に複数の要件を伝えるのでなく、1つずつ伝える。

用語解説

◎**発達障害者支援法**

早期発見・発達支援を目的とし2005年に施行されました。2016年の改正では、ライフステージを通じた切れ目ない支援が追加されました。

◎**自閉症**

相手の心情を理解することや、「少し」「適量」の程度がわからないことがあります。

◎**広汎性発達障害（PDD）**

知的障害を伴う自閉症、知的障害を伴わない高機能自閉症、知的障害も言葉発達の遅れもないアスペルガー症候群の総称です。

◎**学習障害（LD）**

文字を認識して理解することが困難な読字障害（ディスレクシア）、文字を書くことが困難な書字障害（ディスグラフィア）、算数・数学能力の獲得が困難な算数障害（ディスカリキュリア）の3つがみられます。

◎**注意欠陥多動性障害（ADHD）**

衝動性が高く注意が持続できず、約束の時間に遅れたり、こだわりの強さのため、物を捨てることが苦手だったりします。

◎**カームダウン室・クールダウン室**

周囲の音や視界に入る情報をさえぎる個室や、パーテーションで区切ったスペースです。成田空港や羽田空港、新国立競技場にも設けられています。

8 重複障害のある お客さま

※解答・解説は別冊15ページ

○×クイズ

Q8 視覚障害と聴覚障害の両方（盲ろう）がある人のコミュニケーション手法はどれでしょうか。

1．先に聴覚障害があり、あとから視覚障害が生じた人は、触手話で会話する。
2．先に聴覚障害があり、高齢になってから視覚障害が生じた人は、点字で読み書きする。
3．盲ろうの人の手のひらに、ひらがな・カタカナ・数字・アルファベットを書いて言葉を伝える。

Hint! 盲ろうの人には、指点字や手話のできる同行者がいる場合が多いのですが、同行者でなく、必ずお客さま本人に向かって会話しましょう。

Point!! ヘレン・ケラーは盲ろうでしたが、世界各地で講演し、日本にも3度訪れています。この来日が、日本の福祉制度の整備に大きく貢献したとされています。

重複障害の基本知識

(1)重複障害とは

複数の障害を併せもつこととされていますが、厚生労働省は、身体障害が2つ以上重複する場合とし、知的障害または精神障害との重複を規定していません。一方、学校教育法では、視覚、聴覚、肢体不自由、知的障害、病弱の2つ以上の障害のある状態を重複障害としています。

①盲ろう

視覚と聴覚の両方に障害があることです。全国もうろう者協会の調査(2012年)では、盲ろう者数を全国で約1万4,000人としています。

見えなくて聞こえないと人とは会話ができないと感じるかもしれませんが、盲ろうの人にはそれぞれの身体機能や能力に応じたコミュニケーション方法があります。

- **①触手話(指文字)** —— 手話(指文字)の形に触れて言葉を読み取る方法です。
- **②手のひら書き** —— 手のひらに文字や数字、アルファベットを書いて伝える方法です。
- **③筆談** —— 点字器や点字タイプライターを用いて点字で筆談します。
- **④指点字** —— 盲ろうの人の両手人差し指・中指・薬指の6本を点字の6つの点に見立てて、指に触れて伝える方法です。

②言語障害

言語障害には、音声機能障害と言語機能障害があります。

- **①音声機能障害** —— 吃音、構音障害のため、言葉の理解はできても発声することが困難です。
- **②言語機能障害** —— 失語症のため、言葉の理解と適切な表現が困難です。

(2)重複障害のある人への対応

重複障害では、聴覚障害と言語障害、肢体不自由と視覚障害、肢体不自由と聴覚障害、肢体不自由と内部障害、視覚障害と内部障害、聴覚障害と内部障害など、複数の障害がある人もいます。

重複障害のある人にどのようにかかわってよいかがわからないからといって、**見て見ぬ振りをすることのないようにしてください**。お客さまに、「何かお手伝いできることがあればお申し付けください」と伝え、頼まれたときは、「どのようにお手伝いするとよいでしょうか」と尋ねましょう。頼まれたことへの対応は、「できる範囲」で構いません。

手伝いたい気持ちがあることを、伝えるのが大切です。

用語解説

◎吃音

言葉が詰まったり、言葉の一部を繰り返したりします。緊張した状態で話をするときなどに出やすくなります。

◎構音障害

運動性構音障害は、脳卒中や脳梗塞による舌や声帯の麻痺が原因です。発声・発音が困難なため、話している内容が聞き取りにくいことがあります。機能性構音障は、原因の特定がされていません。「サ行」が「タ行」に置き換わるなどで、発音がはっきりしません。構音障害のある人は、話すことに難しさがありますが、相手が話していることは理解しています。

◎失語症

脳の損傷のため、言葉の理解と言葉を伝えることの両方が難しい状態です。

参考

◎言語障害のある人への配慮

言語障害のある人の言葉に聞き取りにくい部分があった場合も、真剣に聞こうとする姿勢が大切です。お客さまに質問するさいは、ポイントを絞って簡潔に、お客さまが答えやすい問いかけをすることが大切です。会話だけで伝えにくい場合には、パンフレットやチラシ、案内図など、印刷物を利用して、お客さまの知りたい情報を指差していただく手法で対応するとよいでしょう。

9 内部障害のある お客さま

○×クイズ ※解答・解説は別冊15ページ

Q9 内部障害のある人に対しての配慮が不足しているのはどれでしょうか。

1. 電車やバスの優先席を利用すると、「若いのだから、席をゆずって！」と言われる。
2. バリアフリートイレを利用すると、「若いのだから、一般のトイレを使って！」と言われる。
3. 「優先席付近では常にスマートフォンの電源を切らなければいけない」というルールに応じない人がいる。

Hint! 外見からは心臓機能や直腸機能に障害があることがわからないため、周囲の人から誤解を受けることがあります。

Point!! スマートフォンがペースメーカーに影響を与える距離が、22cmから15cmに改められたことから、2015年以降、電車内でのスマートフォンの使用ルールが、「混雑時のみ電源オフ」に変更されています。

内部障害の基本知識

（1）内部障害とは

　内部障害は身体障害者手帳の交付対象ですが、身体内部の障害であるため**外見からはわかりにくく、周囲の理解を得にくいことが多い**とされています。

　『平成28年生活のしづらさなどに関する調査』によると、身体障害で最も多いのは肢体不自由（45.0％）、次いで多いのが内部障害（28.9％）です。

①心臓機能障害

　総務省は、2000年以降毎年、携帯電話・スマートフォンなど電波を発する機器が植込み型心臓ペースメーカーに与える影響について、調査結果を発表しています。2015年、「携帯電話がペースメーカーに及ぼす影響は非常に低い」とされ、電車の優先席付近でのルールが「電源オフ」から「混雑時のみ電源オフ」に変更されています。ただし、近年、用いられるようになった5Gの電波は、ペースメーカーと携帯端末の距離が15cm程度以下にならないよう、注意喚起されています。混雑時は、必ず「電源オフ」に協力しましょう。

②腎機能・肝機能障害

　腎不全のため人工透析を受けている人は、利き腕ではない側の上肢血管に、シャント（透析のルート）が作られています。このため、シャント部のあるほうの腕で重たい物を抱えないよう気をつけています。腎機能障害・肝機能障害とも疲れやすい、疲労が回復しにくいことへの配慮が必要です。

③膀胱・直腸機能障害

　人工肛門・人口膀胱（ストーマ）を増設した人をオストメイトといいます。便や尿が一時的に溜まるようになっています。ストーマには便や尿をためる袋（パウチ）があり、ストーマやパウチの洗浄機能の付いたトイレが、オストメイトトイレです。

④呼吸機能障害

　慢性呼吸不全のため、酸素療法を受けている人が外出するときは、鼻に酸素を送り込むチューブを装着し、携帯用の小型酸素ボンベを使用しています。外出中に酸素の残量が足りなくなってしまうことは、大変危険です。

⑤免疫機能障害（HIV）

　HIV感染による免疫機能の低下があり、日常生活が制限される状態との診断にもとづき、認定されます。

参考

◎障害者の割合

　『令和4年 障害者白書』にみる障害者全体（身体障害・知的障害・精神障害）の人口割合は7.6％です。身体障害で最も多いのは肢体不自由45.0％、次いで多いのが内部障害28.9％です。

◎内部障害のある人への配慮

　ストーマを使用している等、内部障害があることを知られたくない人もいます。病気のことを他人に知られたくない気持ちに配慮しましょう。

◎ヘルプマーク

　義足や人口関節の使用者、難病のある人、知的障害・精神障害・発達障害・内部障害のある人、妊娠初期の人など、配慮が必要なこと表すマークです。裏面に配慮してほしいことを記載できるようになっています。

◎オストメイト用設備のマーク

　オストメイト用の設備があること、および、人工肛門・人口膀胱を増設しているオストメイトであることを表すマークです。

問題1　妊娠中のお客さま・小さなお子さ連れのお客さまへの配慮として<u>適切でないもの</u>を1つ選び、その記号に○を付けなさい。

ア．重たい商品や大きくてかさばるものを運ぶ手伝いをする。

イ．ベビーカーでの買い回りに適切な通行幅を確保する。

ウ．順番待ちに時間がかかる場合は、座って待つことができる椅子を案内する。

エ．内開き、外開き、タッチ式自動扉の開閉を手伝う。

オ．ベビーカー優先エレベーターであっても、先に並んでいたお客さまを優先して案内する。

問題2　次の文章の（　　　）にあてはまる最も適切な語句を語群より選び、その記号を記入しなさい。（語句は1つにつき1回）

2021年の外国人在留者数は276万635人、外国人在留者の国籍（出身地）は、①（　　　）が全体の26.4%と最も多く、次いで、②（　　　）15.9%、韓国14.7%、③（　　　）9.8%、ブラジル7.3%の順である。

世界で最も多く使用される言語は④（　　　）だが、次いで、中国語、⑤（　　　）語であり、外国人のお客さまの母国語は多様であることへの配慮が大切である。

≪語群≫

ア．イギリス	イ．英語	ウ．ベトナム	エ．中国
オ．EU	カ．フランス	キ．スペイン	ク．フィリピン

問題3　次の文章の（　　　）にあてはまる最も適切な語句を語群より選び、その記号を記入しなさい。（語句は1つにつき1回）

　ジェンダーとは、①（　　　）な性別に対して、②（　　　）につくられた性別とされている。
　「LGBTQ＋調査2020」は、LGBTQ＋を自認している人の割合を日本の全人口の③（　　　）としており、近年、ジェンダーの多様性への関心が高まっている。
　LGBTQ＋が性的少数者を表すのに対し、SOGIはすべての人がもつもので、SOは④（　　　）、GIは⑤（　　　）を意味する。

≪語群≫

ア．5.7%	イ．8.9%	ウ．社会的	エ．性的指向
オ．結婚観	カ．生物学的	キ．性自認	ク．人生観

問題4　次の①～⑤の説明をア～オより選び、①～⑤を利用する人をa～eより選び、その記号を記入しなさい。（語句は1つにつき1回）

①ストーマ（　　・　　）　　　②ペースメーカー（　　・　　）
③シャント（　　・　　）　　　④指点字（　　・　　）
⑤カームダウン室（　　・　　）

≪説明≫

ア．心臓の鼓動をコントロールするもの
イ．上肢の血管につける透析のルート
ウ．腹部に作られた便や尿の排泄出口
エ．周囲の音や視界に入る情報をさえぎる個室
オ．両手人差し指・中指・薬指に触れて伝える方法

≪利用する人≫

a．直腸機能障害
b．心臓機能障害
c．腎臓機能障害
d．発達障害
e．重複障害

ベビーカーに赤ちゃんを乗せているお客さま

※解答・解説は別冊24ページ

Q 平日午前中のPデパートです。お客さまの出足は遅く、まだ店内は込み合う様子はありません。

ご案内係の山田さんは、ベビーカーに赤ちゃんを乗せているお客さまが、何かを探している様子に気づきました。山田さんが、「何かお探しですか？」と尋ねたところ、お客さまに、「エレベーターはどこですか？」と聞かれました。お客さまは、手荷物のほかにショッピングバックを3つ持っています。

山田さんの対応として、望ましいのはどれでしょうか。

① エレベーターの案内表示がある方向を手で示しながら、「この先の案内表示に沿ってお進みください」と伝える。

② 「ご案内いたします」と伝え、お客さまに「ショッピングバックをお持ちしましょうか？」と尋ねる。

③ 「ご案内いたします」と伝え、お客さまに「ベビーカーを押しましょうか？」と尋ねる。

ケーススタディ 2
文字を書くことが苦手なお客さま

※解答・解説は別冊24ページ

Q スポーツクラブのQ店で入会手続きのためお客さまが来店しました。
　受付の佐藤さんは、施設の設備や利用方法を口頭で説明したうえで、「詳しくは、お渡ししたパンフレットでご確認ください」とお客さまに伝えしました。続いて、お客さまに「こちらの申込書のご記入をお願いします」と言ったところ、お客さまは、「自分で書くことができないので、代わりに書いてくれませんか？」と仰いました。
　受付の佐藤さんの対応として、望ましいのはどれでしょうか。

① 「申込書の記入は、お客さまご本人に書いていただく決まりです」と、スポーツクラブのルールを説明する。

② 「申込書の記入を手伝ってくれるご家族かお知り合いの方に頼んでください」と伝え、お客さまに申込書を持ち帰ってもらう。

③ 「代筆させていただく場合は、スタッフ2名で対応することになっていますので、少しお待ちいただけますか？」と伝え、ほかのスタッフを呼びにいく。

酸素ボンベを引いているお客さま

※解答・解説は別冊24ページ

 　　信用金庫のR支店に、酸素ボンベを引いて来店されたお客さまが、番号札を持ってロビーで順番待ちしています。

　　今日は平日で、いつもなら店頭が混みあう時間帯でもないのに、なぜか来店が多く、順番待ちの時間が長くなっています。

　　ロビー係の小川さんは、酸素ボンベを引いているお客さまから、「待ち時間はあとどれくらいですか？」と聞かれました。

　　ロビー係の小川さんの対応として、望ましいのはどれでしょうか。

① 「正確なことはわからないのですが、30分くらいお待ちいただくことになりそうです」
　と、待ち時間の見込みを伝える。

② 「30分くらいお待ちいただくことになると思いますので、先にご案内します」とお客
　さまに伝え、窓口に引き継ぐ。

③ 「30分程度お待ちいただくことになりそうです」と伝え、さらに、お客さまのお手続
　き内容を確認する。

巻末資料

ユニバーサルサービスに
役立つ知識

① 視覚障害への合理的配慮

② 点字の読み方一覧表

③ 聴覚障害への合理的配慮

④ 指文字一覧表

⑤ 接客手話の基本

⑥ 肢体不自由者への合理的配慮

⑦ 車椅子各部の機能と名称

⑧ 車椅子操作の基本

⑨ 杖を使用する人への介助の基本

⑩ 知的障害・精神障害への合理的配慮

⑪ 発達障害への合理的配慮

⑫ 内部障害への合理的配慮

視覚障害者への合理的配慮

不便に感じること	合理的配慮の事例
受付の場所がわからない。	正面から、「私、○○ですが、何かお手伝いしましょうか？」と声をかけて受付窓口まで案内する。
申請書・申込書への記入が難しい。	・本人の希望を踏まえて代筆をする。 ・代筆の場合は、複数のスタッフで対応する。
何が書いてあるのか読めない。	・音声で読み上げる（代読）。 ・パソコンの読上げ機能を使う人には、事前に資料のテキストデータを提供する。
小さい文字を読むことができない。	拡大文字を使って用紙を作成する。
順番待ちの列の最後尾や、進むタイミングがわからない。	スタッフが順番について把握しておき、順番まで列とは別のところで待機できるようにする。
買いたい商品の陳列棚の位置や価格がわからない。	商品が置いてあるところまで案内し、価格や機能などの表示情報を読み上げて伝える。
ATMや食堂の券売機など、タッチパネル式になっていると操作できない。	（ATMは、暗証番号を聞くことについてご了解いただいたうえで）スタッフがATMや券売機などのタッチパネル操作を代行する。
PDF形式の確認書類がメール送付された場合、内容が画像として情報認識され、読上げソフトを使用することができない。	・内容を読み上げて伝える。 ・インターネットの旅行や宿泊、チケット予約サイトで、説明文書や申込みフォームをテキストデータにする。

※参考文献：『障害者差別解消法【合理的配慮の提供等事例集】』2017年11月　内閣府障害者施策担当

●不当な差別的取り扱いの具体例

・視覚障害者の乗車を拒否すること
・盲導犬を連れた人の映画館の入館を認めないこと
・旅行の申込みを、視覚障害を理由に断わること
・自著が難しいことを理由に、クレジットカードの加入を断ること

※参考文献：「障害を理由とする差別の解消の推進に関する法律のガイドラインについての意見書」
　　　　　　2015年7月16日　日本弁護士連合会

② 点字の読み方一覧表

　視覚障害者のすべてが点字を読めるわけではありませんが、指先の触覚で読んだり書いたりできる点字はコミュニケーションの重要な手段です。

　店舗・施設で必要と思われるところに点字を使用することも検討しましょう。

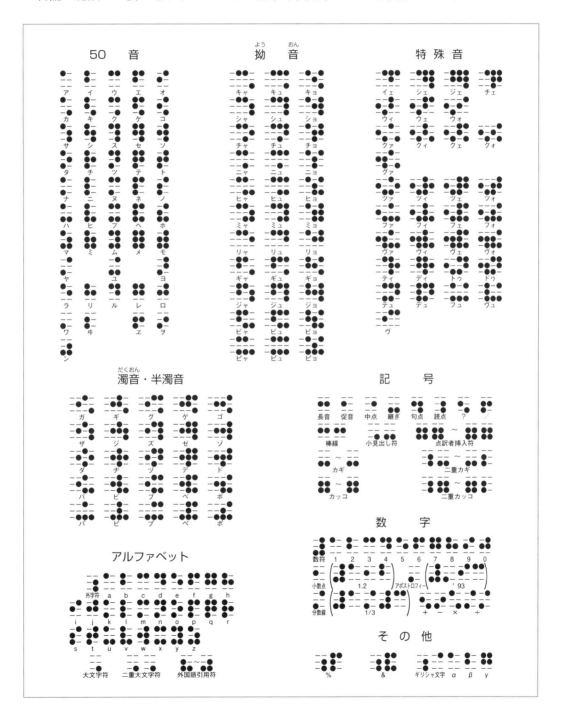

聴覚障害への合理的配慮

不便に感じること	合理的配慮の事例
複数の人との会話は、誰が話しているかがわからない。	1人ずつ話すようにし、話し始める前にはそのつど手をあげて合図を送るようにする。
名前・番号を呼ばれても気づけない。	順番待ちしている人の座席まで呼びに行くようにする。
メニューを指差しで注文できても、細かい希望を伝えることが難しい。	筆談ボードを使って、「硬い麺か柔らかい麺か」「辛口か甘口か」などを店員が聞けるようにし、ほかのお客さまと同じように細かい注文にも対応できるようにする。
口話を用いたいが、店員がマスクをしているので読み取れない。	・透明なマウス（フェイス）シールドを使うようにする。 ・マスクを外し、早口にならないように話をする。 ・マスクを外すことができない場合は、筆談で対応する。
受付が電話番号のみだと連絡することができない。	・FAX番号を併記する。 ・メールでの問合せに対応する。
アナウンスがあっても聞こえないので、情報を得ることができない。	掲示板やホワイトボードなどを用いて、アナウンス内容を文字化して知らせる。
映像の音声が聞き取れないので、内容がよくわからない。	・字幕を付けるようにする。 ・映像に手話通訳を付けるようにする。

※参考文献：『障害者差別解消法【合理的配慮の提供等事例集】』2017年11月　内閣府障害者施策担当

●不当な差別的取り扱いの具体例

・駅窓口で筆談による対応を求めたさいに、駅員が筆談対応を拒否すること
・聴覚障害を理由に、危ないからと遊園地のアトラクションの利用を断わること
・商品説明の筆談を拒否すること
・聴覚障害を理由に、ピアノ教室の利用を断ること
※参考文献：「障害を理由とする差別の解消の推進に関する法律のガイドラインについての意見書」
　　　　　　2015年7月16日　日本弁護士連合会

④ 指文字一覧表

　　手話の単語で表すことができない店名や商品名など、指文字で伝えられるように練習してみましょう。

　　まずは、自分の名字と名前の練習から始めるのもよいかもしれません。

あ　い　う　え　お
か　き　く　け　こ
さ　し　す　せ　そ
た　ち　つ　て　と
な　に　ぬ　ね　の
は　ひ　ふ　へ　ほ
ま　み　む　め　も
や　ゆ　よ
ら　り　る　れ　ろ
わ　を　ん

濁音（例　ぎ）　横に移動させる
促音（例　○っ○）　横に移動させる
半濁音（例　ぽ）　上に移動させる
長音　人さし指で「ー」と空書する

⑤ 接客手話の基本

　手話で会話するお客さまとのコミュニケーションのために、まずは、あいさつ程度の手話から始めましょう。右手利きの人が表す手話を紹介していますが、左手利きの人は、イラストと説明文の右手と左手を入れ替えて、利き手側を主に動かす手話にしてください。

（1）迎え入れ・案内などの手話

　手話になれないうちは、手話を表す自分の手を見がちだったり、お客さま本人ではなく、手話通訳者や介助者に向かって話しがちだったりします。手話は、お客さま**本人の目を見ながら表現する**ことが基本です。

　暗い場所では、指の動きがよく見えず、手話が読み取りにくくなります。**暗い場所やまぶしすぎる場所は避けましょう**。また、逆光の位置に立つことのないよう注意してください。

いらっしゃいませ

親指を人に見立てて、人が入ってくる様子を表します。左の手のひらに親指を立てた右手を乗せ、同時に手前に引きながら軽く頭を下げます。

どうぞ

両手の手のひらを上向きにして並べ、お客さまのいる位置から案内する方向へ動かします。

こちらへどうぞ

手のひらを上に向け、案内する方向に手を動かしながら軽く頭を下げます。

よろしくお願いします

右のこぶしを鼻の前に置き、手を開きながら前に出します。このとき軽く頭を下げます。

何かお手伝いしましょうか？

助ける
左の親指を立てて自分側に
置き、右の手のひらで軽く
たたいて押し出します。

必要
軽く曲げた両手を手
前に引き寄せます。

何
人差し指を立て、軽く左右
に振ります。首をかしげて
尋ねるような表情をします。

どのようなご用件でしょうか？

用件
軽く曲げた両手を手前
に引き寄せます。

何
人差し指を立て、軽く左右
に振ります。首をかしげて
尋ねるような表情をします。

少々お待ちください

少し
右手の親指と人差し指
を少しだけ開きます。

待つ
右手の指先を折って
顎の下につけます。

お願い
拝むように右手を顔の前に
立て、軽く頭を下げます。

お待たせしました

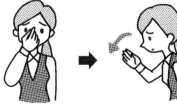

待つ
右手の指先を折って
顎の下につけます。

すみません
眉間にしわを寄せるしぐさ
をして、頭を下げます。

（2）商品説明時の手話

　手話は、1つの手話単語で複数の意味がある場合があります。たとえば、「冬、寒い、怖い」は同じ手話単語です。お客さまが複数の意味のなかから正確な意味を把握できるよう、**手話と同時にはっきり口を開けて声に出して伝えましょう。**

　また、聴覚障害者は、表情やしぐさから相手の言いたいことを理解します。**ジェスチャーや表情を豊かにする**ことによって、話の内容が、より正確に伝わることになります。

| いいですよ | わかりました | わからない |

顎に右手小指を軽く2〜3回当てます。

右手を胸に当てて下ろします。

手のひらを自分に向けて、胸の上で軽く上に振ります。首も同時に振ります。

| これをください | | かしこまりました |

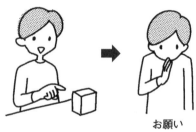

お願い

右手の人差し指で、対象を指差します。

拝むように右手を顔の前に立て、軽く頭を下げます。

右の手のひらを胸に当ててから少し下に下げます。

| ありがとうございます |

左手の甲に、指先を前に向けた右手を垂直に乗せてから、右手を上げます。軽く頭も下げましょう。

筆談をお願いしてよろしいですか？

書く	お願い	～してもよい
左の手のひらの上で、右手でペンを持って何か書くように動かします。	拝むように右手を顔の前に立て、軽く頭を下げます。	顎に右手小指を軽く2～3回当てます。首をかしげて尋ねるような表情をします。

紙と書くものはありますか？

紙	書く	ある
両手の人差し指で紙の形を描きます。	尋ねるような表情で、左の手のひらの上で、右手でペンを持って何かを書くように動かします。	手のひらを斜め下に向けて、押さえるようにします。首をかしげて尋ねるような表情をします。

書いてください

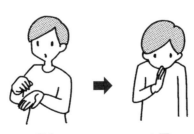

書く	お願い
左の手のひらの上で、右手でペンを持って何かを書くように動かします。	拝むように右手を顔の前に立て、軽く頭を下げます。

（3）お客さまからの質問などの手話

　手話には、丁寧語や尊敬語などの区別がありません。このため、手話から筆談に移ったとき、お客さまの書く文章に戸惑いを感じるかもしれません。たとえば、「いいです」を「よろしい」と書くお客さまがいますが、決して威張っているわけではありません。誤解しないように気をつけましょう。

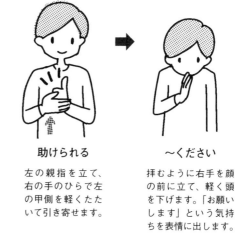

困っています

困る

指を軽く折って頭の横に置き、前後に小刻みに動かします。

助けてください

助けられる

左の親指を立て、右の手のひらで左の甲側を軽くたたいて引き寄せます。

〜ください

拝むように右手を顔の前に立て、軽く頭を下げます。「お願いします」という気持ちを表情に出します。

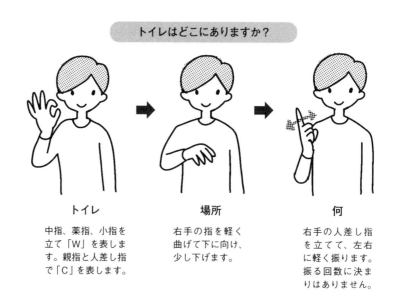

トイレはどこにありますか？

トイレ

中指、薬指、小指を立て「W」を表します。親指と人差し指で「C」を表します。

場所

右手の指を軽く曲げて下に向け、少し下げます。

何

右手の人差し指を立てて、左右に軽く振ります。振る回数に決まりはありません。

クレジットカードは使えますか?

カード

両手の親指と
人差し指で四
角を作ります。

使う

右手の親指と人差し
指で作った輪を左の
手のひらに乗せ、前
に2回出します。

OK

首をかしげて尋ねる
ような表情をします。

領収書をお願いします

領収書

両手を上に向けて合わせ、
右手を下に下げます。

お願いする

拝むように右手を
顔の前に立て、軽
く頭を下げます。

郵送してもらえますか?

郵便

右手の人差し指と中指を
横に伸ばし、中指の下に
左手の人差し指をつけて
「〒」のマークを作り、
手前に引き寄せます。

できる

指を曲げ、左から右
に動かします。首を
かしげて尋ねるよう
な表情をします。

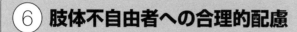

⑥ 肢体不自由者への合理的配慮

不便に感じること	合理的配慮の事例
エレベーターがないため、2階の窓口に行くことができない。	1階の使用していない会議室などに担当スタッフが移動し、臨時に受付を実施することで対応する。
設置されている記帳台が高すぎて、使うことができない。	記帳台に代わるものとして、バインダーを貸す。
店舗の出入口が押し引きして開けるドアのため、1人で出入りするのが難しい。	出入口に着いたところで電話をかけてもらい、スタッフがドアの開閉を行うことで対応する。
飲食店で車椅子のまま食事することが想定されていない。	・テーブルに配置された椅子を1脚片付けて、車椅子のまま着席できるスペースを確保する。 ・たたんだ車椅子を空きスペースで預かる。
大浴場の利用に、広いスペースと介助、複数枚のタオルが必要になるので、気が引ける。	・いつもよりも早く大浴場の準備を整え、本来の開放時間より前に、占有して入浴できるなどの対応をする。 ・介助者の分のタオルも、複数枚を準備する。
自動精算機の順番待ちの列が折れ曲がるように配置されていると、車椅子では並べないことがある。	自動精算機ではなく、有人の窓口で精算に対応する。
体温調節機能の障害のため、テーマパークなどで炎天下に長時間並ぶことが困難である。	スタッフが順番について把握しておき、順番となるまでは室内で待機できるように対応する。

※参考文献：『障害者差別解消法【合理的配慮の提供等事例集】』2017年11月　内閣府障害者施策担当

●不当な差別的取り扱いの具体例

・車椅子使用者がバス停で待っているのに、バスが通過してしまうことや停車しても乗車を断ること
・電車内が混雑しているという理由で、乗車拒否をすること
・映画館、劇場、野球場で、見えにくい最前列や最後列など、特定の座席位置を強いられること

※参考文献：「障害を理由とする差別の解消の推進に関する法律のガイドラインについての意見書」
　　　　　　2015年7月16日　日本弁護士連合会

⑦ 車椅子の各部の機能と名称

　車椅子は、自走用と介助用に大きく分かれます。自走用は、手動式のほかに電動式があります。ハンドル型電動式車椅子を利用する人も増えてきています。。

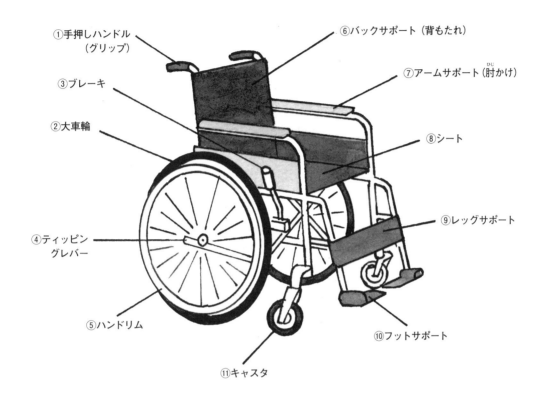

◎各部の名称と役割

①手押しハンドル（グリップ）…サポートする人が、車椅子を押すときに握るところ
②大車輪……………………… 車椅子の車の部分
③ブレーキ…………………… 車椅子を停止させるブレーキ（停車中は③を引いた状態で大車輪を固定）
④ティッピングレバー……… サポートする人が⑪を上げるときに踏み込むところ
⑤ハンドリム………………… 車椅子に乗っている人が手をかけて車輪を回すところ
⑥バックサポート（背もたれ）…姿勢を安楽に保つところ
⑦アームサポート（肘かけ）…… 移乗・立ち上がりのさいの支えになるところ
⑧シート……………………… 座るところ
⑨レッグサポート…………… 足が落ちないように支えるところ
⑩フットサポート…………… 足を乗せるところ（乗るときはたたんで収納）
⑪キャスタ…………………… 前方にある小さな車輪（前進するとき、方向転換が容易）

お客さまに対するサポートは慎重にしましょう。自信のないときは仲間に協力を頼み、一緒にサポートするよう心がけることが必要です。

車椅子を押す

①車椅子の真後ろに立ちます。
②グリップを握ります（両手でしっかり深くつかむようにします）。
③ブレーキがはずれているかを確認します。
④「押します」と声をかけます。
⑤周囲を見渡し注意しながら、ゆっくり押します（押すという意識ではなく、一緒に歩くつもりで行います）。

ブレーキをかける

①車椅子の横に立ちます。
②片手でグリップを握り、もう一方の手でブレーキを完全に倒して止めます。
③同じような方法で、反対側のブレーキをかけます。
＊グリップを離して車椅子を止めるときは、短時間でもブレーキをかけます。傾斜のある通路や坂道には決して車椅子を止めてはいけません。

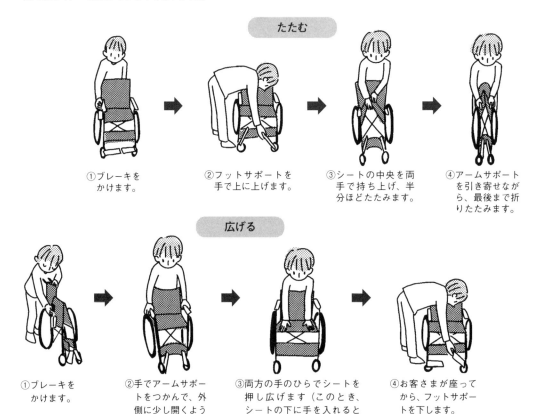

たたむ

①ブレーキをかけます。

②フットサポートを手で上に上げます。

③シートの中央を両手で持ち上げ、半分ほどたたみます。

④アームサポートを引き寄せながら、最後まで折りたたみます。

広げる

①ブレーキをかけます。

②手でアームサポートをつかんで、外側に少し開くようにします。

③両方の手のひらでシートを押し広げます（このとき、シートの下に手を入れると挟まれるので、注意します）。

④お客さまが座ってから、フットサポートを下します。

車椅子を持ち上げる

①車椅子のブレーキがかかっていることを確認します。
②前後に2人ずつ並び、前列2人はアームサポートとフットサポートをしっかり握り、
　後列2人はハンドルとハンドリムを握ります。
③サポートする人同士で合図をし、同じタイミングで持ち上げます。

段差を上る（前向き）

①段差の前でキャスタを上げます。
＊上げる前に声をかけます。

②キャスタを段に乗せ、後輪を段差に押し付けます。

③後輪を押し上げます。
＊無理に持ち上げないようにします。

段差を下る（後ろ向き）

①車椅子を後ろ向きにして、後輪を段に沿って下ろします。
＊上げる前に声をかけます。

②キャスタを上げ、後ろに引きます。

③お客さまの足元が段に当たらないところまで下がったら、キャスタを下ろします。

⑨ 杖を使用する人への介助の基本

　杖を使っての歩行は不安定です。お客さまが転倒しないように、手や肩を貸すなどのサポートをしましょう。

エスカレーターでのサポート

①足元に注意し、動くほうの手でベルトにつかまり、健足（けんそく）からタイミングよく踏み出してもらいます。
②サポートする人は、身体をそっと支えて、声をかけてから一緒に乗り降りします。

階段を上る

①麻痺側に立ち、腰をしっかり支えます。
②お客さまに手すりを握ってもらいます。

③サポートする人は、1段上に足を置きます（このとき、両足をしっかり固定しましょう）。
④お客さまのよいほうの足から上げてもらいます。

⑤お客さまに麻痺側の足も上げてもらいます（サポートする人は、少し身体を押し上げます）。

階段を下る

①麻痺側に立ち、腰をしっかり支えます。
＊下るときは落ちる危険があるので注意しましょう。

②サポートする人は、1段下に足を置きます（このとき、両足をしっかり固定しましょう）。

③お客さまの麻痺したほうの足を下ろしてもらいます。
④よいほうの足も下ろしてもらいます。

⑩ 知的障害・精神障害への合理的配慮

◎知的障害

不便に感じること	合理的配慮の事例
ひらがなしか読むことができない。	漢字にふりがなを付ける。
言葉だけでは内容を十分に理解できなくて、混乱してしまう。	身振り手振りやコミュニケーションボードなどを用いて内容を伝えるようにする。
契約時に要望などを自分で説明することが難しい。	個人情報に関わることは本人から聞くことになっている場合も、必要に応じて介助者から説明を聞くことにする。
子どもが買い物の会計時に待つことができず、動き回ったり騒いだりしてしまう。	・会計の場所に椅子を持って行き、「ここに座って待っていようか」と声をかけ、会計が終わるまで話し相手をする。 ・いつも同じ場所に椅子を置くようにする。
会計時に持ち金不足で買いたいものが買えないとき、買いたい気持ちと買えない状況の折り合いをつけるのが難しい。	順番を待っているほかのお客さまから「早くして」と催促があった場合は、事情を説明し、別のレジで対応する。

※参考文献：『障害者差別解消法【合理的配慮の提供等事例集】』2017年11月　内閣府障害者施策担当

●不当な差別的取り扱いの具体例

・知的障害を理由に、１人での買い物について「親を連れてこないと売れません」と販売を拒否すること

※参考文献：「障害を理由とする差別の解消の推進に関する法律のガイドラインについての意見書」
　　　　　　2015年7月16日　日本弁護士連合会

◎精神障害

不便に感じること	合理的配慮の事例
大勢の人がいるところでは、周囲が気になって落ち着かず、待合室での順番待ちが難しい。	別室の確保が困難な場合、待合室のなかで、比較的まわりからの視界が遮られるようなスペースに椅子を移動させ、順番待ちできるよう配慮する。
考えていたことと違ったことや、通常とは異なる場面への対応が苦手で、パニックになる場合がある。	電車やバスなどで、事故のため止まったり遅れたりする場合は、状況が理解できるよう丁寧に伝えるようにする。

※参考文献：『障害者差別解消法【合理的配慮の提供等事例集】』2017年11月　内閣府障害者施策担当

●不当な差別的取り扱いの具体例

・精神障害を理由に乗車・搭乗拒否すること

※参考文献：「障害を理由とする差別の解消の推進に関する法律のガイドラインについての意見書」
　　　　　　2015年7月16日　日本弁護士連合会

発達障害への合理的配慮

不便に感じること	合理的配慮の事例
文字の読み書きに時間がかかり、説明内容を全部書き写すことができない。	書写しの代わりに、デジタルカメラ、スマートフォン、タブレット型端末などで撮影できるようにする。
話を聞いて想像することが苦手なため、内容を理解することができない。	絵、写真、図、実物などを見せて、内容がわかりやすくなるように配慮する。
周囲の物音に敏感なため、気が散ってしまい、集中して取り組むことができない。	耳栓の使用や、別室への移動により、静かな環境で取り組めるように配慮する。
先を見通すことが苦手なため、初めてのことが不安になる。	手続き内容や手順を説明し、確認することで、安心して取り組むよう配慮する。
時間の見通しがもてず、行動の切替え時に混乱してしまう。	時計やタイマーなどを使って時間の見通しをもてるように配慮する。
触覚過敏があり、肩を叩かれて呼ばれると驚いてしまう。	なるべく直接体に接触しないようにし、やむを得ない場合には、事前に十分に予告をしてから接触するように配慮する。
一度に多くのことを理解して行動するのが苦手である。	・内容を1つずつ簡潔にお伝えする。 ・複雑な内容はメモなどで示す。
長時間並んで待つのが苦手である。	障害者・乳幼児・高齢者など、長時間並ぶことが困難な人を対象に、別途、待機場所を確保する。

※参考文献：『障害者差別解消法【合理的配慮の提供等事例集】』2017年11月　内閣府障害者施策担当

●不当な差別的取り扱いの具体例

・クラシックコンサートで大声を上げてしまう人は、会場内で鑑賞を拒否すること
　（親子連れなどが鑑賞できるよう囲われたブースへ案内するなどの合理的配慮も考えられ、こうした代替的手段の検討の上で、業務の本質を損なうものであるか否かを判断することが必要）

※参考文献：「障害を理由とする差別の解消の推進に関する法律のガイドラインについての意見書」
　　　　　2015年7月16日　日本弁護士連合会

内部障害への合理的配慮

◎内部障害・重症心身障害

不便に感じること	合理的配慮の事例
薬を服用したいのだが、1回に飲む数が多いので、他人の眼が気になってしまう。	使っていない会議室・個室などを利用して服薬できるようにする。
ストーマ袋を付けているため、入浴施設を利用しづらい。	・オストメイトの入浴が衛生上問題ないことを周知する。 ・入浴着での入浴に配慮する。
外食時に通常メニューの食事ができない。	・予約のさいに希望を聞き取り、それに合わせて可能な限り再調理対応する。 ・なるべく元のメニューに近い食形態で提供する。 ・専用のスプーンや食器を持参された場合、洗ってお返しする。
駐車場が玄関から離れている場合、長距離の移動が負担になる。	玄関の近くにある空きスペースにカラーコーンを置き、臨時の駐車場とすることで、駐車場から玄関までの移動距離が短くなるようにする。
食事をする部屋がテーブル席だと、寝かせる姿勢をとることができない。	和室タイプの部屋もあり空いていた場合、そちらに変更する。
リクライニングタイプの車椅子では、スーパーの会計時にレジに並ぶこともレジ横を通ることも難しい。	・会計の順番が来るまで店員が買い物かごを預かる。 ・順番になったときに声をかけるようにし、それまでは広いところで待てるよう配慮する。
多機能トイレに、成人用おむつ交換ベッドがないと不便である。	おむつ交換が必要になったとの申し出に応じ、救護室にあるベッドの利用などで対応する。

※参考文献：『障害者差別解消法【合理的配慮の提供等事例集】』2017年11月　内閣府障害者施策担当

●不当な差別的取り扱いの具体例

・ストーマを装着していることを理由に浴場の利用を拒否すること
・リクライニングタイプの車椅子を使用していることを理由に入店・入場拒否すること

※参考文献：「障害を理由とする差別の解消の推進に関する法律のガイドラインについての意見書」
　　　　　　2015年7月16日　日本弁護士連合会

■参考文献

＊厚生労働省 社会・援護局障害保健福祉部企画課『平成28年生活のしづらさに関する調査（全国在宅障害児・者等実態調査）結果』

＊国際ユニヴァーサルデザイン協議会『IAUD UDマトリックスユーザー情報集・事例集』

＊国土交通省『知的障害、発達障害、精神障害のある方とのコミュニケーションハンドブック』

＊財団法人長寿社会開発センター『訪問介護員（ホームヘルパー）養成研修テキスト2級課程』

＊社団法人公開経営指導協会『サービス・ケア・アテンダント検定試験テキスト ユニバーサルサービス講座』

＊内閣府『平成25年版 障害者白書』『平成30年版 障害者白書』『令和3年版 障害者白書』『令和4年版 障害者白書』

＊内閣府『令和3年版 高齢社会白書』

＊日本老年学会・一般社団法人日本老年医学会「高齢者に関する定義検討ワーキンググループ報告書」

＊内閣府『「合理的配慮」を知っていますか？』

＊東京大学 分子細胞生物学研究所 カラーユニバーサルデザイン推奨配色セット制作委員会『カラーユニバーサルデザイン推奨配色セット ガイドブック 第2版』

＊宮城信一『「デザイン」の力で人を動かす！プレゼン資料作成「超」授業 プレゼン上手に明日からなれる』SBクリエイティブ

＊文部科学省「色覚に関する指導の資料」

＊一般社団法人日本補聴器工業会「JapanTrak 2018 調査報告書」

＊シオノギ製薬「難聴の種類と特徴」

＊国土交通省『建築設計標準（令和2年度改正版）第3章 基本寸法等』

＊国連人口基金（UNFPA）『世界人口白書2022』

＊内閣府『第9回高齢者の生活と意識に関する国際比較調査』

＊世界保健機関（WHO）『世界保健統計2022』

＊認知症施策推進関係閣僚会議「認知症施策推進大綱」

＊厚生労働省「認知症施策推進総合戦略（新オレンジプラン）〜認知症高齢者等にやさしい地域づくりに向けて〜」

＊厚生労働省 老健局「認知症施策の総合的な推進」

＊国土交通省 住宅局 建築指導課『建築設計標準（令和2年度改正版）第3部 設計事例集』

＊総務省『電波の医療機器等への影響に関する調査研究報告書』

＊日本弁護士連合会「障害を理由とする差別解消の推進に関する法律のガイドラインについての意見書」

＊内閣府 障害者施策担当『障害者差別解消法【合理的配慮の提供等事例集】』

■Webサイト

＊厚生労働省「身体障害者補助犬実働頭数」
https://www.mhlw.go.jp/stf/seisakunitsuite/bunya/0000165273.html

＊佐賀県「佐賀県パーキングパーミット（身障者用駐車場利用証）制度」
https://www.pref.saga.lg.jp/kiji00361285/index.html

＊電通ダイバーシティラボ「LGBT＋調査2020」
https://www.dentsu.co.jp/news/release/2021/0408-010364.html

＊内閣府「高齢社会対策大綱」
https://www8.cao.go.jp/kourei/measure/taikou/index.html

＊ANA・京急電鉄・横須賀市・横浜国大など Universal MaaS 産学官連携プロジェクト
https://www.universal-maas.org/

＊国土交通省「日本版MaaSの推進」
https://www.mlit.go.jp/sogoseisaku/japanmaas/promotion/

＊UDトーク
https://udtalk.jp/

＊東日本旅客鉄道「駅ナンバリング」
https://www.jreast.co.jp/press/2016/tokyo/20160804_t01.pdf

＊外務省「SDGsとは」
　https://www.mofa.go.jp/mofaj/gaiko/oda/sdgs/about/index.html
＊法務省「『ビジネスと人権』に関する行動計画 (2020-2025) について」
　https://www.moj.go.jp/JINKEN/jinken04_00105.html
＊経済産業省「SDGs経営／ESG投資研究会報告書」
　https://www.meti.go.jp/press/2019/06/20190628007/20190628007_01.pdf
＊国土交通省「バリアフリートイレ」
　https://www.mlit.go.jp/sogoseisaku/barrierfree/content/001443243.pdf
＊小林クリエイト「Uni-Voice」
　https://k-cr.jp/uni-voice/
＊公益財団法人交通エコロジー・モビリティ財団「らくらくおでかけネット」
　https://www.ecomo-rakuraku.jp/ja
＊視覚障害リハビリテーション協会
　https://www.jarvi.org/about_visually_impaired/
＊国立障害者リハビリテーション自立支援局 函館視力障害センター
　http://www.rehab.go.jp/hakodate/explain.php
＊厚生労働省「障害等級表」
　https://www.mhlw.go.jp/bunya/roudoukijun/rousaihoken03/
＊国立印刷局「新しい日本銀行券について」
　https://www.npb.go.jp/ja/news/20211004_kaisatsu/
＊Microsoft「Seeing AI」
　https://www.microsoft.com/ja-jp/ai/seeing-ai
＊JISの規格「JIS Z 9103：2018 図記号—安全色及び安全標識—安全色の色度座標の範囲及び測定方法」
　https://jis.eomec.com/jisz91032018/4#gsc.tab=0
＊日本放送協会「NHK健康チャンネル」
　https://www.nhk.or.jp/kenko/atc_220.html
＊東京都 福祉保健局「東京都カラーユニバーサルデザインガイドライン」
　https://www.fukushihoken.metro.tokyo.lg.jp/kiban/machizukuri/kanren/color.html
＊朝日新聞社「朝日新聞デジタル」
　https://www.asahi.com/articles/ASPBM636NPB9UCVL004.html
　https://www.asahi.com/articles/ASPDT54BTPD7ULFA00N.html
＊宮崎県 福祉保健部 障がい福祉課「みやざきアクセシビリティ情報マップ」
　https://m-bfree.pref.miyazaki.lg.jp/a_map/public/kidContent/escalator_a
＊厚生労働省「若年性認知症実態調査結果概要」
　https://www.mhlw.go.jp/content/12300000/000706870.pdf
＊出入国在留管理庁「在留外国人統計 (旧登録外国人統計) 統計表」
　https://www.moj.go.jp/isa/policies/statistics/toukei_ichiran_touroku.html
＊Google「Google翻訳」
　https://translate.google.com/intl/ja/about/
＊国立研究開発法人情報通信研究機構「VoiceTra®」
　https://voicetra.nict.go.jp/
＊国立研究開発法人国立育成医療研究センター
　https://www.ncchd.go.jp/press/2019/pr_20190809.html
＊渋谷区役所「渋谷区パートナーシップ証明」
　https://www.city.shibuya.tokyo.jp/kusei/shisaku/lgbt/partnership.html
＊特定非営利活動法人東京盲ろう者友の会「盲ろう者とのコミュニケーションにおける配慮」
　http://www.tokyo-db.or.jp/?page_id=198%E6%85%AE

●著者・協力者プロフィール

〈著者〉

紀　薫子(きの・かおるこ)

全国ユニバーサルサービス連絡協議会代表。

立教大学大学院21世紀社会デザイン研究科にて社会デザイン学MBA取得。

2001年、東京都心の東京革命チーフアドバイザーとして育児支援。2004年、全国ユニバーサル連絡協議会発足時より事務局長。2006年より同会代表。

静岡ユニバーサルデザイン大賞委員ほか、全国各地の自治体でアドバイザー・講師を務め、企業、学校において「ユニバーサルサービス接客研修」「ユニバーサル社会創造へ向けて」「バリアフリー実務」「育児支援」講義・講演など多数実施。

ユニバーサルサービス、ディスアビリティースタディー研究のため、2006年より2年間渡米。

2014年より公益財団法人人権教育啓発推進センター　啓発アドバイザー、2020年より同センター　特任講師。

資格：介護福祉士。

〈協力者〉

井上　滋樹(いのうえ・しげき)

九州大学大学院芸術工学研究院教授、九州経済産業局九州SDGs経営推進フォーラム会長、内閣府全国SDGsプラットフォーム連絡協議会副会長。

九州大学大学院芸術工学府にて博士号取得。専門は、ユニバーサルサービス、ユニバーサルデザインの評価方法論の研究。障害者の社会参加に関わるコミュニケーション領域の研究、商品や施設のデザイン開発に従事。博報堂CC局情報デザイン1部長、米マサチューセッツ工科大学(MIT)客員研究員、米IHCD特別研究員(フェロー)、博報堂ユニバーサルデザインを経て2009年より現職。

著書は、『ユニバーサルサービス　すべての人が響きあう社会へ』『〈ユニバーサル〉を創る！ソーシャル・インクルージョンへ』(以上、岩波書店)、『イラストでわかるユニバーサルサービス接客術』(日本能率協会マネジメントセンター)ほか。

接客・接遇のための
改訂2版　ユニバーサルサービス基本テキスト

2023年1月30日　　　初版第1刷発行

著　者───紀　薫子
　　　　　ⓒ2023 Kaoruko Kino
発行者───張　士洛
発行所───日本能率協会マネジメントセンター

〒103-6009 東京都中央区日本橋2-7-1 東京日本橋タワー
TEL　03(6362)4339(編集)／03(6362)4558(販売)
FAX　03(3272)8128(編集)／03(3272)8127(販売)
https://www.jmam.co.jp/

装　丁───吉村　朋子
イラスト───塩野　友子
本文DTP───株式会社森の印刷屋
印刷所───シナノ書籍印刷株式会社
製本所───株式会社三森製本所

ISBN 978-4-8005-9066-4　C3034
落丁・乱丁はおとりかえします。
PRINTED IN JAPAN

接客・接遇のための
改訂2版

ユニバーサルサービス
基本テキスト

○×クイズ
理解度チェック／ケーススタディ

解答・解説

○×クイズ

解答・解説

Part 1 ユニバーサルサービスを始めよう

第1章　ユニバーサルサービスの基本

Q1 (12ページ)

解答：　1．✕　2．○　3．✕

解説：　1．ユニバーサルサービスは、すべての人にとってバリアがないことを目指すもので、特定の人のバリアを取り払うことをバリアフリーといいます。

　　　　2．すべての人を対象に、商品、建物、空間を創造することをユニバーサルデザインといい、ユニバーサルサービスは、ユニバーサルデザインのソフト面を担うものです。

　　　　3．すべての人がお互いの能力に応じて参画し支え合うためには、ユニバーサルデザインのハード面とソフト面ともに取り組むことが大切です。

Q2 (14ページ)

解答：　1．✕　2．○　3．○

解説：　1．かつて高齢者は、「守られるべき社会的弱者」ととらえられていましたが、近年は、「ともに活力ある社会を構成していくための構成員」ととらえられています。

　　　　2．『平成30年版 障害者白書』によると、障害のある人は、人口の7.4％という状況にあり、さまざまな不自由や生活のしにくさに対応するユニバーサルサービスが求められています。

　　　　3．身体障害のある人の約7割は高齢者であり、高齢人口の割合は2065年まで増え続けることが予想されています。

Q3 (16ページ)

解答：　1．✕　2．○　3．○

解説：　1．製品、建物などのバリアを取り除くバリアフリーと、情報保障・コミュニケーションの円滑化であるユニバーサルサービスは、同時に進行していかなければなりません。

　　　　2．特定の人に届かない情報をつくらないように配慮することが、ユニバーサルサービスの基本です。

　　　　3．コミュニケーションの能力は、経験を積むことにより高めていくことができます。自信がないからとためらうのではなく、失敗をおそれずコミュニケーションにチャレンジしましょう。

第2章　ユニバーサルサービスに取り組むメリット

Q1 (18ページ)

解答：　1．○　2．✕　3．○

解説：1．リピーターが増えることは、企業・団体の収益アップにつながります。

2．すべての人に安心・安全な地域づくりには、人が移動するすべての動線上、自宅から目的地までそれぞれの場所で、バリアを感じない環境をめざさなければなりません。

3．社会・地域に貢献する企業活動は、消費者の評価を高めます。また、顧客満足が従業員満足を高める効果、企業ブランド力強化の好循環が期待されます。

Q2 (20ページ)

解答：　1．〇　2．〇　3．✕

解説：1．目標5「ジェンダー平等を実現しよう」には、多様な性的指向・性自認(本文P.21、P.137脚注参照)への理解と配慮が欠かせません。

2．目標11「住み続けられるまちづくりを」のためには、すべての人に情報とサービスを届けるユニバーサルサービスへの取組みが欠かせません。

3．目標13「気候変動に具体的な対策を」の地球温暖化防止のためのCO_2排出量削減は、ユニバーサルサービスで解決することはできません。

Q3 (22ページ)

解答：　1．〇　2．✕　3．✕

解説：1．目が不自由なため文字を読むことができない人には、代わりに読み上げる「代読」をすること、記入が難しい人には、代わって書く「代筆」をすることは、合理的配慮に合っています。

2．聞こえないことを理由に同行者を求めることは、障害のない人には求めない条件をつけることであり、合理的配慮の不足した対応となります。

3．合理的配慮は、「過度な負担のない範囲」です。お客さまの要望に応えるために大きな負担がある場合は、無理なくできる範囲で対応を検討してください。

第3章　ユニバーサルサービスの実践に向けて

Q1 (24ページ)

解答：　1．〇　2．✕　3．〇

解説：1．「お手伝いします！」といった自分の意思を伝える声かけではなく、「お手伝いできることがありますか」といった相手の意向を伺う声かけをしましょう。

2．車椅子を使用していても、常に困っているとは限りません。特に困っていない場面で「お困りですか」と聞くと、「ありがた迷惑」になってしまします。親切の押売りは、お客さまを不快な気持ちにさせることもあるため、注意しましょう。

3．今は困っていなくても、数分後には困ることがあるかもしれません。「何かお手伝いできることがあれば、いつでもお申し付けください」と声をかけ、さりげなく様子を見守りましょう。

Q2 (26ページ)

解答：　1．✕　2．✕　3．〇

解説：1．高齢の人が皆座ったほうが楽とは限りません。座ったり立ち上がったりのさい、膝や腰に痛みがある人もいます。「座ってください」といった声かけが親切心であった

としても、お客さまにとっては親切な声かけでない場合もあります。

2．介助者だけに話しかけることは、お客さま本人を無視する印象を与えるばかりでなく、障害者差別解消法（P.23脚注参照）の禁止事項に該当します。

3．お客さまの要望を引き出す会話が「対話型サービス」です。お客さまのニーズを確認するために「○○ですか？」と聞くことは、失礼ではありません。また、座って待つか立ったまま待つかの判断材料となる待ち時間の目安を伝えることが大切です。

Q3 (28ページ)

解答： 1．✕　2．○　3．○

解説：1．ネガティブな要素は発信しないのではなく、施設最寄りの『バリアフリートイレ』は○○にあります」といったポジティブな情報にして発信しましょう。

2．バリアフリートイレやエレベーターの設置個所や、貸出し用車椅子の台数など、その場所と数がお客さまにわかるように発信しましょう。

3．段差なく平坦な場所を移動できるルートを案内するため、事前にチェックしておきましょう。

Q4 (30ページ)

解答： 1．○　2．✕　3．○

解説：1．オンライン会議に聞こえない人の参加を想定し、字幕を付ける準備を整えておくことが大切です。

2．厚生労働省は、「発達上の障害にかかるマスク着用の困難性には感覚過敏の特性によるものが含まれ」るとし、フェイスシールドについても「重度の知的障害など障害特性によっては困難な場合がある」としています。マスク着用の例外的対応も事前に検討しておきましょう。

3．声が聞こえにくい場合は、目で見てわかるジェスチャーや指差しが音声の補足に役立ちます。

Part **2** 視覚に不自由を感じる方へのサービス

第1章　視覚に不自由を感じている方への接客・接遇

Q1 (38ページ)

解答： 1．○　2．✕　3．○

解説：1．視覚障害のある人は、視覚情報を触覚情報や聴覚情報に変えて伝えることを必要としています。

2．筆談は、聴覚障害のある人とのコミュニケーションに有効な視覚情報であり、視覚障害のある人へは、音声による案内や説明が必要です。

3．視覚障害には、弱視の見え方があり、拡大された文字なら読むことができる人もいます。

Q2 （40ページ）

解答： | 1．✕　2．○　3．○ |

解説：1．全盲の人は、「1人では何もできない」と誤解されることが多いのですが、<u>慣れた空間では1人でできることもたくさんあります</u>。停電で照明の消えた部屋の中では、目の見える人が全盲の人に助けられるケースもあるのです。

2．全盲でなくても、低騒音車の接近に気づかず、振り返ったらすぐ後ろに自動車が迫っていて驚いたという経験をもつ人も少なくないでしょう。

3．2003年以降に発行された紙幣には、立体印刷の識別マークが付けられています。そのため、一万円札、五千円札、千円札の違いを触れて区別することができますが、使い古された紙幣では区別が難しいことがあります。

Q3 （42ページ）

解答： | 1．✕　2．○　3．○ |

解説：1．弱視の人のなかには、<u>拡大した文字を読むことができる人もいます</u>。

2．床がプラスチックタイルなどの素材であれば、物を落としたときも、音で気づくことができますが、カーペットなどほとんど音がしない場合には、気づかないことがあります。

3．一例に、830円の価格表示を380円に見間違えてしまうことがあげられます。

Q4 （44ページ）

解答： | 1．○　2．✕　3．○ |

解説：1．狭い通路を通過しようとしていることを知らせるための声かけをしてから、誘導する人が前になって1列で進みます。

2．声かけだけでは不十分です。まずは、<u>案内する椅子に触れていただき、椅子の向き、座面の高さを確認していただく</u>ことが大切です。

3．階段の前で立ち止まり、階段があることを伝え、白杖で最初の段を確認していただきます。また、「階段」と言っただけでは、上りなのか下りなのかの判断ができませんので、必ず、「上りの階段」「下りの階段」と言葉にして伝えましょう。

Q5 （46ページ）

解答： | 1．✕　2．○　3．✕ |

解説：1．上り下りいずれも、<u>誘導する人は1段先を歩いて案内します</u>。

2．転倒を防止するために、手すりの利用を案内しましょう。

3．無言での誘導は、<u>お客さまの不安感を増します</u>。「この階段はあと2段で終わりです」といった声かけをしながら案内しましょう。

Q6 （48ページ）

解答： | 1．○　2．✕　3．✕ |

解説：1．クロックポジションは、お客さまにとって「手前が6時、奥が12時」の位置に置かれた時計の文字盤に見立てて案内する手法です。

2．お客さまが、<u>案内する人の立っている位置を基準にしたクロックポジションの案内</u>

を正確に把握することは、困難です。

3．建物の中で、東西南北を正確に把握することは、誰にとっても困難です。

Q7 (50ページ)

解答： 1．✕　2．◯　3．✕

解説：1．金銭の授受は、必ずお客さま本人と行います。お客さまが「付き添いの人に渡してください」と言った場合には、その要望に応じます。

2．商品を先に渡した場合、お客さまがおつりをしまう手をふさぐことになります。先におつりを渡し、財布をしまったことを確認してから商品を渡しましょう。

3．おつりやポイントカード、レシートなどを一度にまとめて渡されると、視覚に障害のあるお客さまは混乱してしまいます。それぞれ、「○○をお返しします」と声かけをしながら、1つ1つ渡しましょう。

第2章　視覚に不自由を感じていることへの理解

Q1 (52ページ)

解答： 1．◯　2．◯　3．✕

解説：1．色の分類だけではわかりにくいと感じる人にも伝わるように、色の違いに文字を組み合わせることが必要です。

2．商品に色名を表示することが難しい場合は、値札などに表記しましょう。

3．色覚障害は、身体障害者福祉法に定義される視覚障害に含まれません。色盲と表現されることがあるため、すべての色がモノクロに見えていると誤解されることがありますが、色覚障害のある人は、一般色覚の人とは異なった色で見えているだけで、視力や視野に障害はありません。

Q2 (54ページ)

解答： 1．◯　2．◯　3．✕

解説：1．赤緑色覚異常のある人は、赤と緑が一般色覚の人にとっての「茶っぽい色の濃淡の違い」で見えています。

2．色覚異常のある人には、黒の文字の中にある赤い文字が、特に際立って目立つという見え方ではないことに留意しましょう。

3．信号機の色の位置は決まっていますので、色覚障害のある人は、明かりのついている位置で色を判断しています。

Q3 (56ページ)

解答： 1．◯　2．◯　3．✕

解説：1．白内障では、小さな文字を長時間読むと、目が疲れるという声もあります。また、白内障は、眼鏡やコンタクトレンズでの視力の矯正では対応できないため、小さな文字は読みにくくなります。

2．初期の白内障では、「暗いところでは見えやすいのに、明るいところでは見えにくい」という症状が出る場合もあります。また、水晶体のにごりが光を乱反射するため、視

力はよくても、屋外ではとても見にくい状態になり、まぶしいとい感じることもあります。

3．白内障の原因で最も多いのは、加齢による加齢性白内障です。そのほかにも、病気の合併症として起こるもの、ステロイド薬の長期にわたる内服や点眼による副作用から起こるもの、胎内での風疹（ふうしん）の感染等が原因で起こる先天性白内障、目のけがが原因となる外傷性白内障などがあります。

Q4 (58ページ)

解答：　1．〇　2．〇　3．✕

解説：　1．同系色の段差に気づかず、転倒してしまうことがあります。

2．契約書や成分表示の小さな文字を読むことのほか、申込書の記入欄や枠線が見えないため、署名等、記入が難しいことがあります。

3．白内障などの見えにくさがあっても、自立した生活は可能です。

Q5 (60ページ)

解答：　1．✕　2．〇　3．✕

解説：　1．特定の人のために特別な対応をするのではなく、色覚障害のある人も想定し情報を発信することが、視覚情報のユニバーサルデザインです。

2．色覚障害や白内障の見え方へも配慮して情報を発信しましょう。

3．一般色覚の人にも色覚障害のある人にも白内障のある人にも伝わる色使いを選択しましょう。

Q6 (62ページ)

解答：　1．✕　2．〇　3．〇

解説：　1．表示や資料に音声を付けることができるのであれば、点字を使用しない選択肢もありますが、全盲の人にとって、点字情報はなくてはならないものです。

2．ピクトグラムや写真を用いることで、言語の違いにかかわりなく伝わる案内板が期待されます。

3．枠線やハッチングを加えることで、色の違いを認識しにくい人にもわかりやすい地図、案内図を作ることができます。

第3章　盲導犬を連れた方への接客・接遇

Q1 (64ページ)

解答：　1．〇　2．〇　3．✕

解説：　1．名前を呼んだり触ったりすると、盲導犬が視覚障害者の誘導に集中できなくなります。

2．盲導犬ユーザーは、食べ物や水を与える量と時間を加減し、盲導犬の排泄の時間を調整しています。食べ物や水を勝手に与えてはいけません。

3．白杖（はくじょう）を利用している人が、白杖をいきなりつかまれると驚くのと同様、盲導犬ユーザーも、他人にハーネスをつかまれると大変驚きます。もちろん、視覚障害のある人の腕を突然つかんだりしてもいけません。

Q2 (66ページ)

解答： 1.○　2.○　3.✕

解説：1．盲導犬を連れた人が心ない言葉をかけられることを予防する意味でも、周囲の人の了解を取り付けることは、よいサービスといえます。

　　　2．盲導犬を受け入れる店舗であることを示すことで、補助犬を伴った人に喜ばれるだけでなく、それを見たお客さまの盲導犬への理解促進に貢献します。

　　　3．盲導犬を連れていても、困ることはあります。「お手伝いすることがございましたらお申し付けください」と声かけをしておくことが大切です。

Part 3　聴覚に不自由を感じる方へのサービス

第1章　聴覚に不自由を感じていることへの理解

Q1 (74ページ)

解答： 1.✕　2.○　3.✕

解説：1．厚生労働省の『平成28年生活のしづらさなどに関する調査』によると、聴覚・言語障害者のうち、聴覚障害と音声・言語・咀嚼機能障害を併せもつ人は、65歳未満で約1万人、65歳以上では約3万人とされています。聴覚障害者のなかで音声・言語障害がある人は12％ですから、聴覚障害者の約9割は、声を出して意思を伝えたり、会話したりすることができます。

　　　2．聴覚障害のため補聴器を利用していても、白杖を持っている人や車椅子を利用している人とは異なり外見から不自由を判断することが難しいため、「見えない障害」と呼ばれています。

　　　3．2008年6月より施行された道路交通法の一部を改正する法律により、従来は重度の聴覚障害者に認められていなかった、普通自動車運転免許の取得、公道での車の運転が認められました。

Q2 (76ページ)

解答： 1.○　2.○　3.✕

解説：1．75歳以上では、70％の人に老人性難聴があるとされています。

　　　2．20代、30代でも、難聴になるケースが増えています。ストレスや過労のほか、ヘッドホン・イヤホンで大きな音を聴き続けることが、原因とされるものがあります。

　　　3．工事現場など騒音の大きな場所では、耳栓をすることで難聴を引き起こす危険を回避することができます。

Q3 (78ページ)

解答： 1.✕　2.○　3.○

解説：1．65歳以上の聴覚障害者で手話のできる人は、4.3％です。65歳未満でも25.0％で

すから、聴覚障害者すべてが手話で会話できるわけではありません。

2．国際手話は、国連主催会議の手話通訳のほか、世界ろう者会議やデフリンピック（ろう者のスポーツ大会）などの公用語に使われています。

3．マスクを着けていると口の形を読むこと（読唇法）ができないため、会話が困難になります。

第2章　聴覚に不自由を感じている方への接客・接遇

Q1 (80ページ)

解答：　1．✕　2．✕　3．◯

解説：1．耳が聞こえにくいということを、まわりの人にまで知られたくない気持ちへの配慮を忘れてはいけません。

2．突然、お客さまの後ろから肩をたたくと、驚いてしまいます。また、身体に触れられることを不快に感じる人もいますので、まずは、視界に入る位置からの声かけがファーストコンタクトの基本です。

3．視界に入った人と目線が合えば、それが会話のきっかけの合図であることが相互に理解できます。

Q2 (82ページ)

解答：　1．◯　2．✕　3．◯

解説：1．「耳マーク」を表示することで、聴覚に不自由を感じている人への配慮をしている施設・店舗であることを周知することができます。また、聴覚に障害があっても利用できる安心感につながります。

2．聴覚に不自由を感じている人が必要としているのは、施設・建物のバリアフリーではなく、情報・コミュニケーションのバリアフリーです。

3．海外旅行に行くとき、誰もが基本のあいさつや数字くらいはその国の言語で伝えられるように学習するように、聴覚に障がいのある人との会話に備え、基本の手話を覚えておくことが、接客・接遇に役立ちます。

Q3 (84ページ)

解答：　1．✕　2．✕　3．◯

解説：1．背中を向けて案内すると、読話がしにくくなります。お客さまから顔の見える位置を歩きながら案内するようにしましょう。

2．聴覚にのみ不自由を感じているお客さまであれば、手を取って案内する必要は特にありません。

3．商品の置かれた位置の案内では、フロアマップに移動経路と目印を記入することで正確に伝えることができます。

第1章　肢体に不自由を感じていることへの理解

Q1 (92ページ)

解答：| 1. ✕　2. ○　3. ○ |

解説：1．手動式車椅子で自走している人は、両手を使えることが多いのですが、上肢の障害や腕の力が弱いなどの理由で、腕を自由に使うことができない人もいます。上肢が自由に動かせない場合は、電動式車椅子の利用か、介助者のサポートが必要になります。

2．車椅子を使用している人が不便に感じるのは、段差やスロープが併設されていない階段です。

3．介助犬は、身体の不自由な人をサポートするために特別な訓練を受けています。盲導犬が目の不自由な人に障害物や危険個所の回避を知らせるように、介助犬は肢体不自由者の日常生活における動作を補助します。

Q2 (94ページ)

解答：| 1. ○　2. ✕　3. ✕ |

解説：1．車椅子を使用している人の目線の高さを意識した陳列や接客を心がけましょう。

2．「聴覚障害者マーク」は表示は義務とされていますが、「身体障害者標識」は、表示することに努めるとされています。

3．操作によりステップの3段分が平坦になり、車椅子でも利用できるタイプのエスカレーターもあります。

Q3 (96ページ)

解答：| 1. ✕　2. ○　3. ○ |

解説：1．杖は身体を支える役割で用いられ、白杖は障害物や段差の有無を確認する役割で用いられるため、それぞれの杖の役割は異なります。

2．義肢装具士国家試験に合格した人が、医師の処方のもと、1人1人の要望を踏まえながら、義肢（義手・義足）の装着部位の採寸・採型、製作および身体への適合を行います。

3．杖の長さが適切でないと使いにくく、しっかりと身体を支えられず危険です。

第2章　肢体に不自由を感じている方への接客・接遇

Q1 (98ページ)

解答：| 1. ✕　2. ○　3. ○ |

解説：1．お客さまや介助者の要望がない場合、強引な手伝いの申し出は「ありがた迷惑」になってしまいます。お客さまを「見守る」こともサービスの1つです。

2．特売品の陳列や在庫入替えのための段ボール箱が通路にはみ出していて、車椅子使

用者や杖での歩行者の通行の妨げになっていることがあります。常に、車椅子の通行幅の確保を意識して店舗・施設内をチェックすることが大切です。

3. 車椅子に乗っている人のつま先は、車椅子を押している人からはよく見えません。壁にぶつけたりすることのないよう、注意して押すことが大切です。

Q2 (100ページ)

解答： 1. ✕　2. ○　3. ○

解説： 1. スロープを上るときは、車椅子も介助者も進行方向を向いて進みます。上りのスロープを前向きに進むと、車椅子に乗っている人の重心が後ろの背もたれにかかるので、前方へ落下するリスクを回避することができます。

2. 段差と車椅子の角度が斜めになっていると、片方の前輪（キャスタ）だけ段差に載せきれない場合があり危険です。

3. 段差を前向きの状態で下りた場合、車椅子に乗っている人が前方に落下する危険が高まります。なるべく、後ろ向きで下りるようにしましょう。

Q3 (102ページ)

解答： 1. ○　2. ✕　3. ○

解説： 1. 車椅子の接地面はタイヤですから、ブレーキのかかっていない状態での乗り降りは、転倒のリスクが高い危険な行為です。

2. フットサポートを踏み込んで立ち上がると、車椅子ごと前方に転倒するリスクが高まります。必ず、フットサポートを跳ね上げてから立ち上がるように案内します。

3. 平坦に見えていても、緩やかな傾斜がある場合、車椅子は下り方向に動き出してしまいます。ブレーキのかけ忘れに注意しましょう。

Q4 (104ページ)

解答： 1. ○　2. ○　3. ✕

解説： 1. 杖を使っているお客さまの歩行スピードはさまざまです。速く歩こうとするあまり転倒することのないよう、お客さまの歩くペースにあわせて案内しましょう。

2. 滑りやすい床は、杖を使っているお客さまにとってはもちろんですが、そのほかのお客さまにとっても危険です。濡れた床をこまめに拭いたり、「床が濡れています」などの注意喚起の表示をしたりしましょう。

3. 案内は、杖を持っていない側ですることが基本です。

Part 5 高齢者・認知症のある方へのサービス

第1章 高齢であることへの理解

Q1 (112ページ)

解答： 1. ✕　2. ○　3. ○

解説：1．迅速な事物の処理、暗算や暗記、想定外の出来事に対応する能力（流動性知能）は、60歳以降大きく低下するとされていますが、<u>経験や学習によって得た言語能力、理解力、洞察力といった能力（結晶性知能）は、高齢になっても維持されます。</u>

2．日本の健康寿命が74.1歳とされているように、70歳代では、日常生活を送るうえで「まったく不自由なく過ごせる」人が増えています。

3．日本の総人口は減少するが、高齢者は増加することから、2065年には高齢者の割合が38％台に達すると推計されています。

Q2 (114ページ)

解答： 1.〇　2.〇　3.✕

解説：1．味覚のなかでは甘味や塩味を感じにくくなりますが、より長く維持される味覚は酸味とされています。

2．嗅覚（きゅうかく）の低下により、ガス漏れの発見などが遅れる場合も出てきます。

3．言語能力のなかには低下するもの、保たれるもの、上昇するものがあります。言葉を思い出すのに時間がかかることがあっても、<u>語彙が損なわれているのではない場合もあります。</u>ゆっくり話を聞くことが大切です。

Q3 (116ページ)

解答： 1.〇　2.✕　3.〇

解説：1．「よろしければ」という枕詞（クッション言葉）に次いで、「〜？」は、手伝いが必要であるかの判断を問う声かけになるので、失礼のない対応です。

2．「大変そう」と思われていることや、「手伝ってあげる」という上から目線は、<u>お客さまの自尊心を傷つけることがあります。</u>

3．「私で〇〇できることがあれば」は謙譲表現です。お客さまへの敬意をこめたお手伝いの申し出に最適です。

Q4 (118ページ)

解答： 1.〇　2.✕　3.✕

解説：1．お客さまの転倒を招かないためにも、歩くペースはお客さまに合わせることが大切です。

2．座ったり立ち上がったりの動作に痛みを伴う人もいます。杖を使っているからといっても、<u>座ったほうが楽とは限らないことを意識して対応しましょう。</u>

3．お客さまのなかには、時間がかかっても自分の足で歩くことを望んでいる人もいます。<u>勝手な判断で車椅子の利用を勧めるのは、よい接客ではありません。</u>

第2章　認知症のあることへの理解

Q1 (120ページ)

解答： 1.✕　2.〇　3.〇

解説：1．<u>何を食べたか思い出せないのは、普通の物忘れです。</u>認知症の記憶障害では、夕食を食べたことを覚えていないといった症状が現れます。

2．認知症がない人は、100歳になっても「今の季節」がわからなくなることはありませんが、認知症がある場合は、初期からみられる見当識障害のため、「今の季節」がわからなくなることがあります。

3．判断力・理解力の低下から、358円と言われても、100円玉・10円玉・5円玉・1円玉を何枚ずつ組み合わせればいいかわからなくなるなど、金額の計算ができなくなることがあります。

Q2 (122ページ)

解答： 1．✕　2．○　3．✕

解説： 1．発言を否定する対応は、お客さまを萎縮させてしまったり、怒らせてしまったりします。まずは、接客する側が落ち着いて、穏やかな口調と表情で対応しましょう。

2．認知症の人のなかには、硬貨の組合せでいくらになるのかがわからず、紙幣ばかりを使う人もいます。支払いに必要な硬貨の枚数を伝えることが役立ちます。

3．決して、お客さまの財布を預かったり、財布から直接小銭を取り出したりすることのないようにしてください。お客さま本人にトレー等に小銭を出していただき、一緒に数える対応が、金銭授受のトラブルを回避するのに有効です。

Q3 (124ページ)

解答： 1．✕　2．○　3．○

解説： 1．今いる場所がわからない認知症の人に「どこですか？」「誰と一緒ですか？」と問いかけても、「答えられずに困ってしまう」「責められているように感じて不快になる」といった反応が考えられます。

2．「はい」か「いいえ」で答えられるのは、認知症のある人が回答しやすい質問形式です。

3．認知症で記憶障害のある人も、初期のうちは、自分の名前や家族の名前、家族構成については把握している人が多いので、名前を確認することは有効です。

Part **6**　お客さまに応じたサービス

第1章　さまざまなお客さまへの接客・接遇

Q1 (132ページ)

解答： 1．○　2．○　3．✕

解説： 1．エレベーターが先に乗っている人で埋まっている場合、ベビーカーで乗り込むスペースのないことが少なくありません。階段やエスカレーターを利用できる人は、上下階の移動手段がエレベーターしかない人を優先するよう協力しましょう。

2．赤ちゃんを連れているのが母親とは限りません。父親が赤ちゃんのおむつ交換をすることのできる環境の整備が大切です。

3．店頭で購入した食料品などの当日配送は、受け付けない店舗もありますが、重たい

物を持つことでの負担が大きかったり、身体のバランスがとりにくくなっていたりする妊娠中の人などに、<u>当日配送サービスは大変便利です。</u>

Q2 (134ページ)

解答： 1．✕　2．◯　3．◯

解説： 1．外国人のお客さまがすべて英語圏の人とは限りません。<u>突然、英語で話しかけられることに、違和感をもつ人もいます。</u>

　　　 2．ファーストアプローチの声かけに、日本語で対応することは失礼ではありません。外国人のお客さまから英語で言葉が返ってきたら、英語での対応に切り替えるのがスマートな接客です。

　　　 3．日本語を母国語としないお客さまへの情報伝達は、多言語表記やピクトグラム、写真等の視覚情報によるものです。

Q3 (136ページ)

解答： 1．✕　2．◯　3．◯

解説： 1．日本国憲法において同性婚を認めないことは「違法」とする判決が、札幌地裁 (2021年) と大阪地裁 (2022年) にありますが、<u>同性婚の法律化はされていません。</u>

　　　 2．2003年に性同一性障害者の性別の取扱いの特例に関する法律ができたことにより、一定の条件を満たしたうえでの、戸籍の性別の変更が可能になりました。

　　　 3．2022年時点で、同性婚を可能とする国・地域が32か国・地域、登録パートナーシップがある国が23か国・地域です。

Q4 (138ページ)

解答： 1．◯　2．◯　3．✕

解説： 1．女子制服でスラックスを選ぶことができる高校が増えており、ジェンダーレス制服の導入が広がっています。

　　　 2．ジェンダーレス制服に次いで、ジェンダーレス水着を採用する動きがあります。

　　　 3．すべての更衣室を個室にできるのであれば問題ないのですが、男女共用の更衣室を利用したくない人の存在を無視する、<u>男女別更衣室の廃止には問題があります。</u>

Q5 (140ページ)

解答： 1．✕　2．◯　3．◯

解説： 1．<u>知的障害のある人が1人で買い物に行くこともあります。</u>また、知的障害があることを理由に1人での買い物を制限することは、障害者差別解消法の禁止事項に該当します。

　　　 2．地名や駅名などの漢字が読めないことがあります。ふりがなを付けて対応しましょう。

　　　 3．困っていても、まわりの人に聞くことができないことがあります。困っている様子に気づいたら、やさしい声と表情で「何かお手伝いしましょうか？」と声をかけましょう。

Q6 (142ページ)

解答： 1. ◯　2. ✕　3. ◯

解説： 1. 集中力の維持が難しい場合があります。応対側のペースばかりを優先するのではなく、「少し休んでからご案内しましょうか？」と、気づかいの声かけをしましょう。

2. 認知機能の低下がある場合、音声だけの案内より、視覚情報を加えた案内のほうが理解しやすくなります。

3. 「遅刻されては困ります」といった否定的な言葉ではなく、「いらっしゃいませ。お待ちしておりました」と笑顔で対応し、まずは、来てくれたことに感謝する声かけで対応しましょう。

Q7 (144ページ)

解答： 1. ◯　2. ◯　3. ✕

解説： 1. 静かな場所や個室（カームダウン室・クールダウン室）に案内して対応しましょう。

2. 知的能力に問題がなくても、学習障害（LD）のため、読むこと・書くことが困難な場合があることを想定し対応しましょう。

3. 自閉症の人は、相手の表情から心情を理解することが難しいとされています。自閉症のある人と自閉症のない人では、感情の表現が異なることを意識して対応しましょう。

Q8 (146ページ)

解答： 1. ◯　2. ✕　3. ◯

解説： 1. 手話を習得したあとに視覚障害が生じた人は、相手の手話に触れること（触手話）で会話することができます。

2. 聴覚障害より先に視覚障害があった場合、点字での読み書きを習得していることがありますが、高齢になってから視覚障害が生じた人が点字で読み書きをすることは、多くありません。

3. 手のひら書きは、誰でもすぐに対応できるコミュニケーション手法です。何もしないでいることは、まわりのお客さまの不安や不満の解消につながりません。

Q9 (148ページ)

解答： 1. ◯　2. ◯　3. ✕

解説： 1. 内部障害のある人が、交通機関で長い時間立っていることをつらいと感じ、優先席を利用すると、外見は健常に見えるため、誤解されてしまうことがあります。

2. 内部障害は、外見からはわからないことがあります。年齢や見た目で「不自由がないはず」と勝手に判断することのないようにしましょう。

3. 優先席付近での電源オフは、2015年以降、「混雑時のみ」に変更されています。

理解度チェック／ケーススタディ

解答・解説

理解度チェック （32〜33ページ）

問題1

解答：①ア　②エ　③ウ　④イ

解説：本文P.13参照

問題2

解答：ウ

解説：2021年に改正された障害者差別解消法で、民間の事業者における合理的配慮の提供が、従来の努力義務から<u>義務に変更</u>されています。

問題3

解答：①イ（ユニバーサルサービス）　②ウ（物理的）　③カ（人的対応）
④キ（コミュニケーション）　⑤ア（アンコンシャスバイアス）

解説：本文P.16、P.17参照

問題4

解答：①ア（従業員満足）　②エ（ユニバーサルデザイン）　③カ（企業価値）　④ウ（SDGs）
⑤オ（ESG）

解説：ユニバーサルサービスが市場の評価・顧客満足をつくり出すことで、企業の社会的評価が高まります。また、そこから従業員満足の高まりが期待されます。ビジネスと人権に関する行動計画には、ユニバーサルデザインの取組みが、企業価値・国際競争力の向上およびSGDs達成への貢献につながると示されています。SDGsの達成度が高い企業には、ESG投資が期待されます（本文P.19、P.21参照）。

ケーススタディ （34〜36ページ）

ケーススタディ①「店舗のリニューアル」

解答：③

解説：① 車椅子やベビーカーでの通行幅を確保するためのバリアチェックは、お客さまの来店時に不便を感じさせないため、お困りの様子に気づくために大変有効です。

② 視覚障害のある人への合理的配慮は、音声で伝えることです。レイアウト変更したことが視覚障害のある人にも伝わるようにアナウンスすることが大切です。

③ 障害者や高齢者を見守り配慮することは大切ですが、特定の人だけを抽出する対応は、<u>多数派（マジョリティー）からの分離・分断と受け止められる</u>場合がありますので、注意が必要です。

ケーススタディ②「歩くのに困難がありそうなお客さま」

解答：③

解説：① 　杖を使用しているお客さまが、<u>車椅子の利用を希望しているとは限りません</u>。親切心からの声かけであっても、車椅子の利用を望んでいるはずといった対応では、「ありがた迷惑」になってしまう場合があるので、気をつけましょう。

② 　座ったり立ち上がったりの負荷が高いお客さまもいます。「座ってください」ではなく、<u>座って休みたいかの意向の有無を確認する</u>声かけをしましょう。

③ 　座って休んでいただくことや、車椅子の貸出しができることを伝え、お客さまに選択肢の中から選んでいただく声かけが、最も親切な対応です。

ケーススタディ③「優先のご案内」

解答：②

解説：① 　視覚障害があるという理由だけで優先の案内をした場合、<u>番号札を取って先に待っていたお客さまの理解を得られない</u>ことがあります。

② 　このあとの見通しをお客さまご自身が判断するのに必要なのは、手続きにかかる時間の目安です。まずは、見込まれる時間を伝えます。お客さまに「サポートの人が付き添える時間に制限があり、サポートなしでは1人で帰宅できない」「眼科の予約を変更することができない」等の理由がある場合は、先に待っていたお客さまに事情を説明したうえで、優先での案内を調整しましょう。優先の案内には、周囲の人の納得が得られる理由や事情が必要です。

③ 　目立たないように案内したつもりでも、ほかのお客さまが気づくことはあります。身体機能だけを理由に特別扱いをするのではなく、先に待っていたお客さまから説明を求められた場合に、<u>優先の案内をした理由や事情を説明できる</u>よう対応しましょう。

Part 2　視覚に不自由を感じる方へのサービス

理解度チェック　（68〜69ページ）

問題1

解答：①ク（視力）　②エ（視野）　③オ（1.6％）　④イ（高い）　⑤キ（86.2％）

　　　⑥ソ（中高年齢層）　⑦タ（6）　⑧シ（矯正視力）　⑨ト（6割）　⑩ケ（失明）

解説：本文P.39参照

問題2

解答：エ

解説：おつりは、お札の向きを揃え、<u>「五千円札1枚と千円札3枚で8千円」のように種類と枚数を声に出して伝え、種類ごとに渡しましょう</u>（本文P.51参照）。

問題3

解答：① （例）6時の位置にステーキ、2時の位置にお飲み物、9時の位置にパンをお持ちいたしました。フォークとナイフは、ステーキ皿の左右にございます。

　　　② （例）触れていただいているお皿の盛り付けをご案内します。6時の位置にエビフライが3つあります。3時の位置にレモンを添えておりますので、お好みでエビフライにかけてお召し上がりください。付け合わせのサラダは、10時の位置にトマト、12時の位置にレタスがございます。

解説：本文P.48、P.49参照

解答：イ

解説：映写スライドの説明に赤い光のレーザーポインターを使用すると、色覚障害のある人は、どこを指しているのかわかりにいと感じています。赤色のレーザーより緑色のレーザーのほうが、8倍明るく見えるとされています（本文P.61参照）。

ケーススタディ （70～72ページ）

ケーススタディ① 「申込書への記入」

解答：③

解説：①・②　お客さまから、目が不自由であることの申し出があったのに、店側からは何も合理的配慮の提供がなかったケースとみなされます。お客さま自身の努力や介助者の同行を求めるのではなく、店側のスタッフでできることを提案することが合理的配慮の提供です。

　　　③　視覚障害者への合理的配慮は、「代読」「代筆」が基本ですが、タッチパネル式電子機器の案内も不可欠です。視覚障害があっても、自分のスマートフォンの扱いは慣れている人もいますので、すべて代わりに操作するとは限らず、QRコードをカメラの読み取りやすい位置に動かすなど、見えないことによる不便を解消する配慮を提供しましょう。

ケーススタディ② 「メニューの仕様変更」

解答：①・②

解説：①・②　弱視の見え方のある人には、印刷物に目を近づけることで、書かれている文字を読むことができる人もいます。タブレットやスマートフォンでメニューが拡大表示できる場合は、弱視の人にも見えやすくなりますが、メニュー全体がわかりにくくなります。また、液晶画面では、注文ボタンの表示位置がわからず困ることがありますので、スタッフが「メニューの代読をすること」「口頭で注文を受けること」が合理的配慮の提供です。

　　　③　視覚障害でタブレットやスマートフォンでメニューを見たり、注文したりすることができないことを理由に店舗の利用を制限することは、障害者差別解消法の禁止事項にあたります。

ケーススタディ③ 「案内文の作成」

解答：（例）

①

来期の達成目標

　　各店舗における前期の売上目標の達成率は、

A支店85％、B支店98％、C支店90％でした。

②

　　前期各店舗の売上目標金額は、

A支店1,200万円、B支店1,000万円、C支店800万円でした。

　　来期は各支店の売上目標を**前期より10％アップ**した金額に設定

③

しています。

　　目標達成のための改善点、本社への要望を支店ごとにまとめ

て3月15日までに本社担当者（荒木）にご連絡ください。⑤

④

（内線○○○○）

解説：見やすく・わかりやすい表現にするために、設問中の①〜⑤について以下の工夫をしてみましょう。

① センター揃え、文字の拡大、フォントの変更 (UDゴシックの使用) などをします。

② グラフや表を加える、グラフや表の色使いや表現に視覚情報のユニバーサルデザインを反映させるなどをします。

③ 強調する箇所の文字色を変える (赤橙・オレンジ色)、フォントを変える、文字の太さを変える、下線を入れるなどをします。

④ 注意喚起する箇所の文字に背景色を加えます。

⑤ 連絡先のメールアドレス、電話番号を記載します。

Part **3** 聴覚に不自由を感じる方へのサービス

理解度チェック （86〜87ページ）

問題1

解答：①ク (34万1,000) ②コ (5,000) ③キ (26万2,000) ④シ (高齢者層)
　　　⑤エ (66.9) ⑥イ (2) ⑦ウ (3) ⑧ア (1)

解説：本文P.75参照

問題2

解答：①オ ②イ ③ア ④エ ⑤ウ

解説：①〜③は本文P.79参照、④⑤は本文P.77参照

問題3

解答：ウ

解説：1語1語を区切った口形(こうけい)は、読み取りにくいとされています。単語は1語1語を区切ることなく、<u>なめらかにゆっくり話します</u>（本文P.83脚注、P.85参照）。

問題4

解答：イ

解説：<u>横書き</u>で書きます（本文P.85脚注参照）。

問題5

解答：ウ

解説：お客さまの<u>正面</u>に立ちます（本文P.85脚注参照）。

ケーススタディ （88〜90ページ）

ケーススタディ① 「学生の採用面接」

解答：①・③

解説：①・③ 採用試験などでの面接においては、主催者の側で耳の不自由な人への情報保障に努めることが求められます。話者の間に手話通訳者を配置する、質問事項を筆談で進める、パソコンやタブレットに文字を入力することで会話する等の対応をすることが合理的配慮に相当します。

② 学生が手話通訳を必要としていても、Ｆ社の側で手話通訳者を手配できなかった場合は、学生に手話通訳者の手配をお願いすることもありますが、この場合、手話通訳者の諸費用をＦ社で負担することが必要です。

ケーススタディ②「オンライン研修」

解答：優先度の高い順　②＞①＞③

解説：① 日常的に手話を使っている学生であれば、画面に手話通訳が入ることで研修内容が理解できます。

② リアルタイム字幕は、耳の不自由な人にとって便利なだけでなく、聞こえる人にとっても音声を文字で確認でき、研修内容の理解促進に役立ちます。

③ 画面にリアルタイム字幕や手話通訳を付けつけることができない場合は、オンライン研修に限定せず、対面で要約筆記等の配慮を受けながら研修を受講できる機会を設けることが大切です。

オンライン研修では、事前に文字起こしした資料を送付することも有効ですが、手元資料と映像を同時に見ること、映像の内容と資料の文字が一致する箇所を探すことに困難が生じる場合もあります。

ケーススタディ③「試着室の利用」

解答：試着室内にいる耳の不自由なお客さまには、店員がカーテン越しに声をかけても伝わらないことがあります。また、試着室内のお客さまからは、カーテン越しに要望を伝えられないこともあります。お客さまから耳が不自由であることの申し出があった場合、店員は、筆談で対応することを伝え、お客さまに筆談のための道具（筆談器や紙とペンなど）を渡します。メモ書きした紙のやり取りで、カーテン越しであっても会話することができます。

試着室の開閉が扉である場合は、「お願いします」などのメッセージをドアノブにかけられるように、また、扉でない場合も、呼んでいることが伝わる呼び鈴など、備品を試着室内に常備しておくとよいでしょう。

Part 4　肢体に不自由を感じる方へのサービス

理解度チェック　（106～107ページ）

問題1

解答：①カ（運動機能）　②ケ（上肢）　③ク（義足）　④ウ（麻痺）　⑤イ（電動式車椅子）
　　　　⑥オ（言語機能）　⑦サ（脊髄損傷）　⑧エ（筋ジストロフィー）　⑨キ（加齢）　⑩ス（7割）

解説：本文P.93参照

問題2

解答：①イ（950～1,100mm）　②ウ（600～700mm）　③ア（850～950mm）

解説：本文P.95脚注参照

解答：エ

解説：階段を上がるときは、お客さまが進行方向を向くようにし、下りるときは進行方向に背を向けるように持ち上げます（本文P.103参照）。

問題4

解答：①エ（持っていない）　②キ（エスカレーター）　③イ（1段下）　④ク（転倒）
　　　⑤カ（杖ホルダー）

解説：本文P.105参照

ケーススタディ　（108〜110ページ）

ケーススタディ①「優先駐車場」

解答：③

解説：①・②　車椅子を使用していても、1人で車を運転し来店することが可能なお客さまに、介助者の同行や本人以外の持ち込みを促すことは、障害者差別解消法の禁止事項に該当します。

　　　③　優先駐車場でなくても、運転席側の扉が全開するスペースの確保で、車椅子から運転席、運転席から車椅子の乗り降りを可能にすることができます。一般の駐車場であっても、車椅子使用者が乗り降りするスペースを確保すれば、1人で来店する車椅子のお客さまを迎え入れることができます。

ケーススタディ②「入口の消毒液」

解答：②・③

解説：①　車椅子を使用していても、ほかのお客さまと同様に、消毒液を使いたいときには使える環境を整えることが合理的配慮の提供です。

　　　②　ペダル式の使用が難しい場合でも、ポンプ式も並んで設置されていれば、どちらかを選んで使うことができます。

　　　③　ペダル式とポンプ式を並べて設置することが難しい場合は、ポンプ式消毒液設置場所を知らせる案内が必要です。

ケーススタディ③「レストランでの食事」

解答：車椅子で自走する人は、タイヤを回転させるために両手を使うことが必要です。また、家族が車椅子を押す場合も、両手がふさがっています。そのため、ブッフェ台からテーブルまで、車椅子に乗っている人の膝の上に料理を乗せて移動することになり、滑りやすいトレーでは、飲み物を運ぶのも大変です。また、車椅子使用者1人では手が届かない位置に料理や飲み物が置かれていることも、少なくありません。

　　　たくさん並んだ料理の中から自分の食べたいものを選ぶことは、誰にとっても楽しみです。車椅子を使用している人にも食事を楽しんでいただけるよう、「スタッフが車椅子を押してブッフェの料理をお見せする」「お代わりの場合は、品目と分量を確認し、テーブルまでお持ちする」「車椅子を押しているご家族のトレーを、代わりにお持ちする」といったサービスを提供しましょう。

理解度チェック （126〜127ページ）

問題1

解答： ①オ（65）　②シ（高齢化社会）　③サ（高齢社会）　④エ（40）　⑤イ（24）　⑥ウ（29.1）
　　　　⑦ア（言語能力）　⑧セ（結晶性知能）　⑨コ（暗算・暗記）　⑩ス（流動性知能）

解説： 本文P.113参照

問題2

解答： イ

解説： 男性の低い声のほうが聞きとりやすいといわれています（本文P.115参照）。

問題3

解答： ア

解説： 認知症は病名ではありません。認知症を引き起こす病気により、日常生活や対人関係に
　　　　支障がある（おおよそ6か月以上継続している）状態のことをいいます（本文P.121参照）。

問題4

解答： ①ア　②ウ　③イ　④エ

解説： ①②は本文P.125参照、③④は本文P.121参照

ケーススタディ （128〜130ページ）

ケーススタディ① 「週末の店内」

解答： ③

解説： ①　適当に話を受け流したり、気もそぞろな態度でずるずると接客することは、かえっ
　　　　て失礼な対応になってしまいます。

　　　　②　店が混み合っておらず、時間に余裕のある日や時間帯であれば、話好きのお客さま
　　　　との会話を続けることができますが、ほかのお客さまをお待たせしている場合には、
　　　　そうした状況をご理解いただくことが必要です。また、お客さまからのプライベート
　　　　な質問には、回答を控えても問題はないでしょう。

　　　　③　「話を最後まで聞くことができず申し訳ない」という気持ちがお客さまに伝わるこ
　　　　とが、高齢者の自尊心を傷つけない対応です。

ケーススタディ② 「持込みお断り」

解答： ②

解説： ①　見て見ぬ振りをすることは、ほかのお客さまに「持ち込み可能」なカフェである印
　　　　象を与えてしまいます。高齢のお客さまに限らず、何かを断らなければならない場面
　　　　では、店側の事情をきちんと説明することが必要です。

　　　　②　高齢のお客さまにとって自分の子どもあるいは孫に近い年齢の店員から、注意を受
　　　　けたと感じた場合、自尊心が傷つくことは容易に想像できます。店のルールだからと
　　　　いうだけではなく、断らなければならない理由を丁寧に説明することが大切です。お
　　　　客さまの自尊心を損なわない態度・表現・言葉遣いで伝えましょう。

③　お客さまのプライバシーに関することへの質問は厳禁です。このケースでは、お客さまの事情を伺うのではなく、店側の事情を説明することが必要です。

ケーススタディ③「レジに並ぶお客さま」

解答：②・③

解説：①　お客さまの財布を預かることは、よほどの信頼関係がある場合に限定されます。しかし、信頼関係があるといっても、<u>思わぬトラブルの原因にもなりかねませんので、避けたほうがよいでしょう</u>。

②・③　後ろに並んで待っているお客さまへの配慮も大切です。順番を待っていたお客さまに、「お待たせいたしました」の声かけを忘れないようにしましょう。

会計に時間のかかるお客さまには、笑顔で対応すること、お客さまのペースに合わせて案内することが大切です。高齢のお客さまは、一度に複数の作業に対応することが難しい場合もあります。まず、紙幣を渡し、財布にしまったことを確認してから小銭を渡します。次に、ポイントカードやレシートを渡し、それらを財布に入れ、財布をしまったことを確認し、そのあとに商品を渡すといったように、1つ1つの動作に区切りをつけて対応しましょう。

小銭を財布から取り出しているときに、「先にポイントカードをお願いします」と声かけをすると、<u>お金を取り出す作業を中断してしまうことになります</u>。また、おつりを渡すときに、紙幣と小銭、ポイントカード、レシートなどを一度に渡すと、<u>それぞれをしまうために時間がかかってしまうことがあるからです</u>。

Part 6　お客さまに応じたサービス

理解度チェック　（150〜151ページ）

問題1

解答：オ

解説：優先エレベーターでは、待ち時間に関係なく、ベビーカーを使用するお客さまの優先案内に協力いただくよう、<u>周囲の人にも働きかけましょう</u>（本文P.133参照）。

問題2

解答：①エ（中国）　②ウ（ベトナム）　③ク（フィリピン）　④イ（英語）　⑤キ（スペイン）

解説：本文P.135参照

問題3

解答：①カ（生物学的）　②ウ（社会的）　③イ（8.9%）　④エ（性的指向）　⑤キ（性自認）

解説：本文P.137参照

問題4

解答：①ウ・a（直腸機能障害）　②ア・b（心臓機能障害）　③イ・c（腎臓機能障害）
　　　　④オ・e（重複障害）　⑤エ・d（発達障害）

解説：①②③はP.149参照、④は本文P.147参照、⑤は本文P.145参照

ケーススタディ① 「ベビーカーに赤ちゃんを乗せているお客さま」

解答：②

解説：① 　案内表示に沿っての移動案内は、必要最低限の対応です。お客さまから声をかけられるのを待つのではなく、<u>こちらから「何かお探しですか？」と声かけをします</u>。たくさんの買上げ商品を持って、ベビーカーで移動するお客さまへの気遣いが伝わる対応をしましょう。

② 　お客さまに代わってエレベーター前までショッピングバックをお持ちする対応は望ましいサービスです。ただし、お客さまが荷物を代わりに持ってほしいと思っているとは限りませんから、「お持ちしましょうか？」と、意向を確認する声かけが大切です。

③ 　お客さまの代わりにベビーカーを押すのではなく、<u>荷物を運ぶお手伝いを申し出ましょう</u>。そのさい、お客さまの貴重品が入っているカバンなどを預かるのでなく、買上げ商品の入ったショッピングバックを持つようにします。

ケーススタディ② 「文字を書くことが苦手なお客さま」

解答：③

解説：① 　お客さまが「自分で書くことができない」と言っているのに対して、<u>事業者側のルールを押し付ける対応は、合理的配慮を欠いています</u>。特別な事情や状況に、臨機応変に対応することも大切です。

② 　その場で事業者が無理なくできる対応、このケースでは<u>「代筆」をしないことは、合理的配慮の不提供にあたります</u>。

③ 　代筆は、スタッフ2名で対応することが望ましいとされています。いつ代筆する場面に遭遇してもよいように、スタッフで代筆対応を事前準備しておきましょう。

ケーススタディ③ 「酸素ボンベを引いているお客さま」

解答：③

解説：① 　お客さまは、酸素ボンベの酸素量が帰宅まで足りるか心配をしていることが予測されます。聞かれたことに答えることは大切ですが、それだけでは、<u>お客さまの不安に寄り添う気持ちが伝わらず、冷たい印象を与えてしまいます</u>。

② 　どの程度の待ち時間であれば待つことができるのか、待つことができないのかを判断するのはお客さま自身です。勝手に優先案内したのでは、<u>先に待っていたほかのお客さまに「優先案内した理由」を説明できなくなってしまいます</u>。

③ 　手続き内容を確認することで、手続きにかかる時間を案内することも可能になります。加えて、待ち時間に進められる作業を案内し、窓口での手続きにかかる時間短縮につなげることができるとよいでしょう。